Feldarbeit mit dem Holzpflug in Nordost-Afghanistan

Impressum

Florian Broschk & Abdul Hasib Hakim
Dari für Afghanistan — Wort für Wort
erschienen im
REISE KNOW-How Verlag Peter Rump GmbH
Osnabrücker Str. 79, D-33649 Bielefeld
info@reise-know-how.de

© REISE KNOW-How Verlag Peter Rump GmbH
4. Auflage 2016
Konzeption, Gliederung, Layout und Umschlagklappen
wurden speziell für die Reihe „Kauderwelsch" entwickelt
und sind urheberrechtlich geschützt.
Alle Rechte vorbehalten.

Bearbeitung & Layout	Christine Schönfeld
Layout-Konzept	Günter Pawlak, FaktorZwo! Bielefeld
Umschlag	Peter Rump
Kartographie	Iain Macneish
Fotos	Florian Broschk
Druck und Bindung	Werbedruck GmbH Horst Schreckhase, Spangenberg

ISBN: 978-3-8317-6466-2
Printed in Germany

Wer im Buchhandel kein Glück hat, bekommt unsere Bücher zuzüglich Porto- und Verpackungskosten auch direkt über unseren Internet-Shop: **www.reise-know-how.de**

Die Internetseiten mit Aussprachebeispielen und der Zugriff auf diese über QR-Codes sind eine freiwillige, kostenlose Zusatzleistung des Verlages. Der Verlag behält sich vor, die Bereitstellung des Angebotes und die Möglichkeit der Nutzung zeitlich und inhaltlich zu beschränken. Der Verlag übernimmt keine Garantie für das Funktionieren der Seiten und keine Haftung für Schäden, die aus dem Gebrauch der Seiten resultieren. Es besteht ferner kein Anspruch auf eine unbefristete Bereitstellung der Seiten.

Als Vorlage zu diesem Buch diente der Kauderwelsch Band 49, Persisch – Wort für Wort von Mina Djamtorki, sowie der Kauderwelsch Band 91, Paschto – Wort für Wort von Erhard Bauer.

Der Verlag möchte die **Reihe Kauderwelsch** weiter ausbauen und **sucht Autoren!** Mehr Informationen finden Sie unter **www.reise-know-how.de/verlag/mitarbeit**

Kauderwelsch

Florian Broschk
Abdul Hasib Hakim

Dari
für Afghanistan

Wort für Wort

Das Kauderwelsch-Prinzip

Kauderwelsch heißt:

- Schnell mit dem **Sprechen** beginnen, auch wenn nicht immer alles korrekt ist.
- Von der **Grammatik** wird nur das Wichtigste in einfachen Worten erklärt.
- Alle Beispielsätze werden doppelt ins Deutsche übertragen: erst **Wort-für-Wort,** dann in normales Deutsch. Die Wort-für-Wort-Übersetzung hilft, die neue Sprache schneller zu durchschauen, außerdem lassen sich dadurch leichter einzelne Wörter im fremdsprachigen Satz austauschen.
- Es geht um die **Alltagssprache,** also das, was man tatsächlich auf der Straße hört.
- Die **Autoren** sind entweder Reisende, die die Sprache im Land selbst gelernt haben oder Muttersprachler.

Kauderwelsch-Sprachführer sind keine Lehrbücher, aber viel mehr als traditionelle Reisesprachführer. Wer ein wenig Zeit investiert, einige Vokabeln lernt und die Sprache im Land anwendet, wird **Türen öffnen,** ein Lächeln ins Gesicht zaubern und reichere Erfahrungen machen.

Talk to each other!

Kauderwelsch Aussprachetrainer

Kauderwelsch zum Anhören

Einzelne Sätze und Ausdrücke aus diesem Buch können Sie sich **kostenlos anhören.** Diese **Aussprachebeispiele** erreichen Sie über die im Buch abgedruckten QR-Codes oder diese Adresse: www.reise-know-how.de/kauderwelsch/202

Die Aussprachebeispiele im Buch sind Auszüge aus dem umfassenden Tonmaterial, das unter dem Titel **„Kauderwelsch Aussprachetrainer Dari für Afghanistan"** separat erhältlich ist – als Download über Onlinehörbuchshops (ISBN 978-3-95852-027-1) oder als CD im Buchhandel (ISBN 978-3-95852-277-0). Beide Versionen erhalten Sie auch über unsere Internetseite:

■ **www.reise-know-how.de**

Alle Sätze, die Sie auf dem Aussprachetrainer hören können,

ind in diesem Buch mit einem 🎧 gekennzeichnet.

Inhalt

Inhalt

- 9 Vorwort
- 10 Hinweise zur Benutzung
- 12 Land & Sprache
- 13 Karte von Afghanistan
- 15 Das Alphabet
- 24 Wörter, die weiterhelfen

Grammatik

- 26 Hauptwörter
- 28 Mehrzahl
- 29 Verbindungs-e
- 31 Beugung
- 34 Hinweisende Fürwörter
- 34 Persönliche Fürwörter
- 35 Besitzanzeigende Fürwörter
- 37 Eigenschaftswörter
- 38 Steigern & Vergleichen
- 40 Verhältniswörter
- 43 Bindewörter
- 43 Tätigkeitswörter (Verben)
- 46 Gegenwart
- 47 Sein & Haben
- 49 Vergangenheit
- 51 Zukunft
- 52 Verneinung
- 53 Müssen, Können und Wollen
- 55 Auffordern & Befehlen
- 56 Fragen
- 59 Zahlen & Zählen
- 64 Zeit & Datum
- 68 Mengen & Maße

Inhalt

Konversation

- 69 Kurz-Knigge
- 74 Namen
- 76 Anrede
- 77 Begrüßen und Verabschieden
- 79 Floskeln & Redewendungen
- 81 Bitten, Danken, Entschuldigen
- 83 Das erste Gespräch
- 87 Zu Gast sein
- 92 Unterwegs ...
- 100 Übernachten
- 102 Toiletten
- 103 Essen & Trinken
- 110 Kaufen & Handeln
- 115 Fotografieren
- 116 Telefon, Post, Bank und Internet
- 119 Behörden
- 123 Sicherheit, Minen, Militär, Wiederaufbau
- 132 Ins Gespräch kommen
- 138 Krank sein
- 140 Dringende Hilferufe
- 141 Literaturtipps

Anhang

- 144 Wörterliste Deutsch-Dari
- 160 Wörterliste Dari-Deutsch
- 176 Die Autoren
- Buchklappe vorn *Lautschrift & Abkürzungen; Zahlen Nichts verstanden? – Weiterlernen!*
- Buchklappe hinten *Die wichtigsten Fragewörter, Zeit- und Ortsangaben; Fragen & Sätze, Floskeln & Redewendungen*

Nomaden am Kauktscha-Fluss

Vorwort

Afghanistan ist wieder in den Blickpunkt der Weltöffentlichkeit geraten. Das Land hat außer den Taliban, Minen und Kriegszerstörungen aber noch eine ganze Menge zu bieten. Da sind zunächst einmal die Afghanen selber. Afghanen sind ungemein gastfreundlich, und Sie als Reisender sind für jeden Afghanen ein Gast in seinem Land. Viele Afghanen schämen sich für die Kriegszerstörungen in ihrem Land und die negative Berichterstattung in den internationalen Medien nach dem 11. September 2001.

Mit ein paar einfachen Worten auf Dari, wie Bitte und Danke, machen Sie jedem Afghanen schon eine große Freude, denn damit zeigen Sie ihm, dass Sie ihn, sein Land und seine Kultur ernst nehmen, respektieren und nicht nur an Taliban, Minen und Kriegszerstörungen interessiert sind. Sie können aber noch viel mehr lernen als nur „Bitte" und „Danke".

Mit ein bisschen Fleiß, Mut, Humor und Übung gewinnen Sie über die Sprache einen direkten, unverfälschten Zugang zu diesem wunderschönen Land und seiner Bevölkerung.
Wir wünschen Ihnen dabei viel Erfolg!

Florian Broschk & Abdul Hasib Hakim

Hinweise zur Benutzung

Der Kauderwelsch-Band „Dari für Afghanistan" ist in drei wichtige Abschnitte gegliedert:

Grammatik Die Grammatik beschränkt sich auf das Wesentliche und ist so einfach gehalten wie möglich. Deshalb sind auch nicht sämtliche Ausnahmen und Unregelmäßigkeiten der Sprache erklärt. Wer nach der Lektüre gerne noch tiefer in die Grammatik eindringen möchte, findet im Anhang einige Tipps zum Weiterlernen. Natürlich kann man die Grammatik auch überspringen und sofort mit dem Konversationsteil beginnen. Wenn dann Fragen auftauchen, kann man immer noch in der Grammatik nachsehen.

Konversation In diesem Teil finden Sie Sätze aus dem Alltagsgespräch, die Ihnen einen ersten Eindruck davon vermitteln sollen, wie Dari „funktioniert" und die Sie auf das vorbereiten sollen, was Sie später in Afghanistan hören werden.

Wort-für-Wort-Übersetzung Jede Sprache hat ein typisches Satzbaumuster. Um die sich vom Deutschen unterscheidende Wortfolge der Sätze auf Dari zu verstehen, ist die Wort-für-Wort-Übersetzung in *kursiver* Schrift gedacht. Jedem Dari-Wort entspricht ein Wort in der Wort-für-Wort-Übersetzung.

Wird ein Dari-Wort im Deutschen durch zwei Wörter übersetzt, werden diese zwei Wörter in der Wort-für-Wort-Übersetzung mit einem Bindestrich verbunden.

mê·châh·am nân be·char·am.
(ich)möchte Brot dass-(ich)kaufe
Ich möchte Brot kaufen.

Hinweise zur Benutzung

chaßta / goroßna / teschna schod·am.
müde / hungrig / durstig (ich)wurde
Ich bin müde / hungrig / durstig.

Werden in einem Satz mehrere Wörter angegeben, die man untereinander austauschen kann, steht ein Schrägstrich zwischen diesen.

Mit Hilfe der Wort-für-Wort-Übersetzung können Sie bald eigene Sätze bilden. Sie können die Beispielsätze als Fundus von Satzschablonen und -mustern benutzen, die Sie selbst Ihren Bedürfnissen anpassen. Mit einem kleinen bisschen Kreativität und Mut können Sie sich neue Sätze „zusammenbauen", auch wenn das Ergebnis nicht immer grammatikalisch perfekt ausfällt.

Die Wörterlisten am Ende des Buches helfen Ihnen dabei. Sie enthalten einen Grundwortschatz von je ca. 1000 Wörtern Deutsch-Dari und Dari-Deutsch, mit denen man schon eine ganze Menge anfangen kann.

Wörterlisten

Die Umschlagklappe hilft, die wichtigsten Sätze und Formulierungen stets parat zu haben. Aufgeklappt ist der Umschlag eine wesentliche Erleichterung, da nun die gewünschte Satzkonstruktion mit dem entsprechenden Vokabular aus den einzelnen Kapiteln kombiniert werden kann. Wenn alles nicht mehr weiterhilft, dann ist vielleicht das Kapitel „Nichts verstanden? – Weiterlernen!" der richtige Tipp. Es befindet sich ebenfalls im Umschlag, stets bereit, mit der richtigen Formulierung für z. B. „Ich habe leider nicht verstanden." oder „Wie bitte?" auszuhelfen.

Umschlagklappe

Land & Sprache

Land & Sprache

Dari ist eine indoeuropäische Sprache und gehört zu den iranischen Sprachen. Vielen Dari-Wörtern merkt man noch ihre indoeuropäische Herkunft an, z.B. padar (Vater), mâdar (Mutter), berâdar (Bruder). Nach der Eroberung durch die muslimischen Araber und der Bekehrung zum Islam sind viele arabische Wörter ins Dari übernommen worden, oft gibt es für einen Begriff mehrere Vokabeln, eine arabische, eine persische und nicht selten noch eine paschtunische. In der Moderne sind Lehnwörter aus dem Englischen und Russischen übernommen worden.

Dari ist sehr eng mit dem modernen iranischen Persisch (Fârsî) verwandt, oft wird es auch als afghanisches Persisch bezeichnet.

Die Unterschiede liegen vor allem in der Aussprache, außerdem werden viele Vokabeln abweichend verwendet, die Grammatik ist dagegen weitgehend gleich.

Auch Tadschikisch, das in Afghanistans nördlichem Nachbarstaat Tadschikistan gesprochen wird, ist sehr eng verwandt. Iraner, Tadschiken und Afghanen verstehen sich untereinander, aber nicht ganz problemlos.

Dari und Fârsî werden mit einer etwas abgewandelten arabischen Schrift geschrieben, zu der vier Buchstaben hinzugefügt wurden, um die Laute p, g, j und tsch (die es im Arabischen nicht gibt) darzustellen.

Karte von Afghanistan

In Afghanistan gibt es verschiedene Ethnien mit verschiedenen Sprachen, Dari ist die Muttersprache von nur ungefähr der Hälfte der ca. 20 Millionen Afghanen. Geographisch erstreckt sich das Verbreitungsgebiet der Dari-Sprecher über das Zentrum und den nördlichen Teil Afghanistans. Auch in den großen Städten wie Kabul, Herat, Kunduz, Feyzabad oder Mazar-e Sharif wird Dari gesprochen.

Dari als Muttersprache sprechen vor allem Tadschiken, Hazara, Aimaq und Farsiwan, aber auch einige Paschtunen, vor allem in den Städten.

Land & Sprache

Die Paschtunen, die größte einzelne Ethnie, die ca. 40 % der Bevölkerung ausmachen, leben vor allem im Süden und Osten des Landes. Sie sprechen eine eigene Sprache, das Paschto (Kauderwelsch Band 91). Paschto und Dari sind sprachwissenschaftlich zwar miteinander verwandt, aber sehr unterschiedlich. Im Norden und Nordwesten Afghanistans leben Usbeken (ca. 8 % der Gesamtbevölkerung) und Turkmenen (ca. 3 %). Auch sie sprechen ihre eigenen Sprachen, die mit dem Türkischen verwandt sind. Daneben gibt es noch einige kleinere Ethnien mit zum Teil eigenen Sprachen. Weil historisch die Sprache der Gebildeten jedoch immer Persisch war und nicht zuletzt weil Dari im Gegensatz zum Paschto und den türkischen Sprachen so einfach zu lernen ist, ist es in ganz Afghanistan Verkehrssprache. Das bedeutet, auch Usbeken, Paschtunen und Turkmenen sprechen außerhalb ihrer eigenen Siedlungsgebiete Dari, und der Ausländer, der sich im ganzen Land verständigen können will, tut gut daran, Dari zu lernen.

Innerhalb des Dari gibt es natürlich auch verschiedene Dialekte, die von Region zu Region verschieden sind. In diesem Buch werden wir uns an der Kabuler Aussprache orientieren, die in ganz Afghanistan als Standard gilt.

Stadtzentrum, Feyzabad

Das Alphabet

Eines vorweg: das Dari-Alphabet ist gar nicht so schwierig, wie es zunächst vielleicht aussieht. Es ist eine Buchstabenschrift, keine Silben- oder gar Wortzeichenschrift, beruht also auf demselben System wie unsere Schrift. Nur dass die Buchstaben halt etwas anders aussehen, aber daran kann man sich schnell gewöhnen, wenn man das System verstanden hat. Nur Mut und etwas Geduld, dann klappt's auch mit der „Würmchenschrift"!

Das Dari-Alphabet besteht aus 32 Buchstaben. Diese werden von rechts nach links geschrieben und innerhalb eines Wortes miteinander verbunden, es gibt aber auch Buchstaben, bei denen das nicht geht, dazu später.

Durch die Buchstabenverbindungen ergibt sich, dass ein Buchstabe verschiedene Formen annimmt, je nachdem ob er am Anfang, in der Mitte oder am Ende eines Wortes steht. In den meisten abgeleiteten Formen kann man aber noch gut die Grundform erkennen.

Viele Buchstaben bestehen eigentlich aus derselben Form und unterscheiden sich nur durch Punkte, die über bzw. unter die Form gesetzt werden, daher ist es wichtig, dass man genau hinschaut, wie viele Punkte über oder unter dem Buchstaben stehen.

Groß- und Kleinschreibung gibt es nicht. Buchstaben, die doppelt vorkommen, werden trotzdem nur einmal geschrieben.

Es gibt ein paar Sonderregeln, die wir am Ende des Kapitels erklären, die beherrschen aber viele Afghanen selber nicht so ganz. Wenn man die Schrift nur für den Alltagsgebrauch kennen lernen möchte, braucht man sich damit gar nicht auseinanderzusetzen.

Das Alphabet

Selbstlaute (Vokale) und Zwielaute

Es gibt drei lange und drei kurze Vokale. Die kurzen Vokale werden grundsätzlich nicht geschrieben, nur wenn sie am Wortanfang stehen oder das kurze a am Wortende (mit dem Buchstaben h). Die langen Vokale werden dagegen immer geschrieben, allerdings können die Buchstaben für ê und û auch für einen Selbstlaut (y / w) oder einen Zwielaut (au / ey) stehen. Das bedeutet natürlich, wenn man ein Wort gar nicht kennt, kann man seine genaue Aussprache, besonders die kurzen Vokale, nur erraten. Eine Faustregel gibt es dafür leider nicht! Erkennt man aber das Wort, so steht natürlich auch die Aussprache fest.

Aus den Beispielen geht auch hervor, dass die Unterscheidung zwischen langen und kurzen Vokalen entscheidend für die Bedeutung des Wortes sein kann!

Lange Vokale

â	wie in „B<u>a</u>dezimmer", aber mit einem leichten Anklang von „o"	باد	**bâd** (Wind)
ê	wie in „H<u>ee</u>r" (in manchen Wörtern wie ein langes î ausgesprochen!)	سیر	**ßêr** (satt)
û	wie in „n<u>u</u>r"	پور	**pûr** (Sohn)

Kurze Vokale

a	wie in „b<u>a</u>ld"	بد	**bad** (schlecht)
e	wie in „n<u>e</u>tt"	سر	**ßer** (Geheimnis)
o	wie in „T<u>o</u>rte"	پر	**por** (voll)

Zwielaute

au	wie in „R<u>au</u>m"	ثور	**ßaur** (Monatsname: April/Mai)
ey	wie in ugs. „Ey!"	غیر	**gheyr** (nicht, außer)

Das Alphabet

Grund-form	Aus-sprache	Wort-ende	Wort-mitte	Wort-anfang
ا	am Wortanfang **a,e** oder **o**	ا		
		(kann nicht nach links verbunden werden)		
	in der Wortmitte **â**			
			(â am Wortanfang: آ)	
و	als Selbstlaut **û**	و		
		(kann nicht nach links verbunden werden)		
	als Zwielaut **au**			
			(û am Wortanfang: او)	
	als Mitlaut **w** (siehe auch Tabelle Mitlaute)			
ى	als Selbstlaut **ê**	ى	ـيـ	يـ
			(ê am Wortanfang: ايـ)	
	als Zwielaut **ey** als Mitlaut **y** (siehe auch Tabelle Mitlaute)			

Ob die letzten beiden Schriftzeichen jeweils einen Selbstlaut, einen Doppellaut oder einen Mitlaut darstellen, kann man am Schriftbild nicht erkennen.

Mitlaute (Konsonanten)

Für manche Laute (t, ß, h, z) gibt es mehrere Buchstaben. Welcher dieser Buchstaben jeweils verwendet wird, ist festgelegt. (Als Anfänger blamiert man sich aber auch nicht, wenn man den falschen Buchstaben verwendet.)

Die Aussprache von Buchstaben mit einem Sternchen* ist unten erklärt.

hafda | **17**

Das Alphabet

Grund-form	Aus-sprache	Wort-ende	Wort-mitte	Wort-anfang
ب	b	ب	ب	ب
پ	p	پ	پ	پ
ت	t	ت	ت	ت
ط		ط	ط	ط
ث	ß*	ث	ث	ث
س		س	س	س
ص		ص	ص	ص
ج	dsch	ج	ج	ج
چ	tsch	چ	چ	چ
ح	h*	ح	ح	ح
ه		ه	ه	ه
خ	ch*	خ	خ	خ
د	d	د (kann nicht nach links verbunden werden)		
ذ	z*	ذ (kann nicht nach links verbunden werden)		
ز		ز (kann nicht nach links verbunden werden)		
ض		ض		
ظ		ظ		
ر	r*	ر (kann nicht nach links verbunden werden)		
ژ	j*	ژ (kann nicht nach links verbunden werden)		
ش	sch	ش	ش	ش
ع	'*	ع	ع	ع
غ	gh*	غ	غ	غ
ف	f	ف	ف	ف
ق	q*	ق	ق	ق
ک	k	ک	ک	ک
گ	g	گ	گ	گ
ل	l	ل	ل	ل
م	m	م	م	م
ن	n	ن	ن	ن
و	w*	و (kann nicht nach links verbunden werden)		
ی	y*	ی	ی	ی

hadschda

Das Alphabet

Erklärungsbedürftige Buchstaben

Manche Buchstaben im Dari entsprechen im Deutschen einer Buchstabenkombination, z. B. sch, dsch, tsch.

Es gibt für uns jedoch keine Probleme, diese Kombination auszusprechen, wir müssen uns nur daran gewöhnen, dass im Dari dafür nur ein Buchstabe steht.

Zu einigen anderen Buchstaben muss man jedoch noch etwas sagen:

Aussprache		Beispiel	
ß	scharfes S wie in „wissen"	بسیار	beßyâr (viel, sehr)
h	wird immer gesprochen, kein Dehnungszeichen!	مهربان	mehrabân (nett)
	das ﻪ am Wortende steht jedoch für ein kurzes **a**	خانه	châna (Haus)
ch	wie in „wach" (nie wie in „rechnen")	خانم	chânom (Frau)
z	stimmhaftes S wie in „Rose"	زیبا	zêbâ (schön)
r	gerolltes Zungen-R	روز	rûz (Tag)
j	wie in „Journalist"	ژاله	jâla (Hagel)
'	Stimmabsatz, der nur als kurze Pause im Sprechfluss hörbar ist	بعد	ba'd (nach, danach)
gh	ein R, das nicht mit der Zunge gerollt, sondern weit hinten im Rachen ausgesprochen wird	غذا	ghezâ (Essen, Speise)
q	kehliges K, das sehr weit unten im Rachen gesprochen wird	قاشق	qâschoq (Löffel)
w	mit gerundeten Lippen sprechen, wie ein englisches W	وقت	waqt (Zeit)
y	wie ein deutsches J in Jahr	یا	yâ (oder)

nûzda

Das Alphabet

Die Aussprache von **gh** und **q** bedarf etwas Übung, etwas Vergleichbares gibt es im Deutschen nicht. Das Zungen-**r** ist auch so eine Sache: manche können es, andere lernen es nie, das geht aber auch einigen Afghanen so.

Die Aussprache von **'** ist dagegen kein Problem, wir kennen diesen Laut im Deutschen nur nicht als eigenen Buchstaben, aber verdeutlichen Sie sich mal den Unterschied zwischen „verreisen" und „vereisen": beim zweiten Wort machen wir nach dem „r" auch eine kurze Pause, das ist genau dieser Buchstabe.

Buchstaben, die nicht verbunden werden können

Wie bereits erwähnt, können manche Buchstaben nicht mit dem nachfolgenden (also links davon geschriebenen) Buchstaben verbunden werden. Dort setzt man also wieder neu mit der Anfangsform an, obwohl der Buchstabe in der Wortmitte steht. Um deutlich zu machen, dass es kein neuer Wortanfang ist, sollte man den Abstand aber nicht zu groß werden lassen.

Zwei Beispiele für das Schriftsystem

Das Wort „Afghanistan" (afghânestân) besteht im Dari-Schreibsystem aus folgenden Komponenten:

Das Alphabet

> Kurzes **a** am Wortanfang (nicht verbunden)
> + **f**
> + **gh**
> + langes **â** in der Wortmitte (derselbe Buchstabe wie das kurze **a** am Wortanfang, kann wieder nicht verbunden werden)
> + **n**
> + (kurzes **e** in der Wortmitte, wird nicht geschrieben)
> + **ß**
> + **t**
> + langes **â** in der Wortmitte (kann immer noch nicht verbunden werden)
> + **n**

> In der Grundform sieht das dann so aus: ا ف غ ا ن س ت ا ن
> Und mit den richtigen Formen so: ا ف غ ا ن ـ ت ا ن
> Zusammen geschrieben: افغانستان

Die Hauptstadt Kabul **(kâbol)**:

> **k**
> + langes **â** in der Wortmitte (nicht verbunden)
> + **b**
> + (kurzes **o**, wird nicht geschrieben)
> + **l**

> In der Grundform: ک ا ب ل
> Mit den richtigen Formen: ک ا ب ل
> Zusammen geschrieben: کابل

bêßt o yak

Das Alphabet

Hören Sie sich Aussprachebeispiele mit Ihrem Smartphone an! Ausgewählte Kapitel in diesem Buch sind dafür mit einem QR-Code ausgestattet.

Ist doch gar nicht so schwierig, oder? Wer sich tiefer mit der Schrift auseinandersetzen will, muss noch ein paar Sonderregeln und Ausnahmen beherzigen. Die wichtigsten stellen wir hier vor. Für den Alltagsgebrauch kann man aber gerne darauf verzichten.

Sonderregeln

Für den '-Laut gibt es eigentlich zwei Buchstaben, einmal den, den wir oben kennengelernt haben und einen anderen, der gar kein richtiger Buchstabe ist und selten vorkommt. Er sieht so aus ء, steht aber fast nie alleine, sondern „reitet" auf einem langen Vokal (ى, و, ا). Der wird dann nicht als langer Vokal ausgesprochen, weil er ja nur der Trägerbuchstabe ist. Besonders oft sitzt er auf einem ê, das sieht dann z.B. so aus: ائتلاف e'telâf (Koalition).

Am Ende eines Wortes kommt mitunter die Endung ـًا vor, eigentlich ein langes â mit zwei Strichen davor. Das wird aber -an ausgesprochen: تقریبًا taqriban (ungefähr).

Dann gibt es noch Buchstabenverbindungen, bei denen zwei Buchstaben etwas ungewöhlich miteinander verbunden werden. In der Handschrift gibt es eine große Anzahl davon, die wichtigste dieser sogenannten Ligaturen ist die Verbindung lâ von l (ل) und â (ا): daraus wird am Wortanfang diese Kombination: لا,

Das Alphabet

weiter hinten im Wort sieht es so aus: ڬ

| لاله | **lâla** (Tulpe) |
| مثلاً | **maßalan** (zum Beispiel) |

Wer jetzt noch weiter in das Schriftsystem einsteigen möchte, braucht vor allem eins: Übung. Am besten kann man mit einem Muttersprachler üben. Wenn man schon im Land ist, wird man sicherlich Gelegenheit dazu finden. Es gibt aber auch Lehrwerke, die sich stärker mit der Schrift beschäftigen und Übungen und Lesetexte beinhalten. Sehen Sie sich dazu die Literaturhinweise an.

Betonung

Die Betonung ist im Dari nicht ganz regelmäßig, aber auch nicht entscheidend. Eine gute Faustregel ist: alle Wörter außer Tätigkeitswörtern (Verben) werden auf der letzten Silbe betont, Tätigkeitswörter dagegen auf der ersten Silbe.

Noch ein Tipp zur Aussprache: Afghanen sprechen etwas „kräftesparender" als wir Europäer. Um den typisch afghanischen Tonfall zu treffen, sollte man versuchen, beim Sprechen den Unterkiefer so wenig wie möglich zu bewegen und die Wangenmuskulatur locker zu lassen. Richtig afghanisch wird die Aussprache, wenn man dann noch die Wörter aneinander bindet.

Wörter, die weiterhelfen

Wörter, die weiterhelfen

Wo ist ... ? — ... kodschâ aßt?

hûtal/reßtorân/mehmânchâna kodschâ aßt?
Hotel/Restaurant/Gästehaus wo ist
Wo ist ein Hotel/Restaurant/Herberge?

taschnâb kodschâ aßt?
Toilette wo ist
Wo gibt es eine Toilette?

Diese Wörter können Sie nach Bedarf unerändert in die Sätze einsetzen.

takßê	Taxi
ßefârat	Botschaft
dâktar	Arzt
schaffâchâna	Krankenhaus
pûlêß	Polizei
maidân-e hawâ'ê	Flugplatz

Mögliche Antworten können sein:

daßt-e tschap	links
daßt-e râßt	rechts
moßtaqêm	geradeaus
rû ba rû-ye	gegenüber
poscht-e	hinter
pêsch-e	vor
êndscha	hier
ândscha	dort
nazdêk	nahe
dûr	weit entfernt

24 bêßt o tschehâr

Wörter, die weiterhelfen

Haben Sie ... ? — ... dârêd?

chûrdanê (nûschêdanî) dâr·êd?
Essen (Getränk) (ihr)habt
Haben Sie etwas zu essen (zu trinken)?

otâq dâr·êd?
Zimmer (ihr)habt
Haben Sie ein Zimmer?

balê	ja
ne	nein
în	dieses
ân	jenes

qeymat-e ân tscheqadr aßt?
Preis-von jenes wie-viel ist
Wieviel kostet das?

bâ edschâza-ye schomâ?
mit Erlaubnis-von Ihr
darf ich...?!

mê·tawân·êd ba man komak be·kon·êd?
(ihr)könnt zu ich Hilfe dass-(ihr)macht
Können Sie mir helfen?

bebachschêd	Entschuldigung
lotfan	bitte (als Bitte)
taschakkor	danke
châhesch mêkonam	bitte (als Antwort)

Immer, wenn man etwas tun möchte, das einen anderen angeht (z. B. ein Gespräch unterbrechen oder an jemandem vorbei gehen), und man ist sich nicht ganz sicher, ob das jetzt höflich ist, kann man den anderen mit bâ edschâza-ye schomâ? *pro forma um seine Erlaubnis bitten und dann, ohne die Antwort abzuwarten, das tun, was man vorhatte.*

bêßt o pandsch

Hauptwörter

Hauptwörter

Dari ist gar keine schwierige Sprache. Gerade weil es so einfach ist und man die Grundzüge schnell lernen kann, dient es in Afghanistan als überregionale Verkehrssprache. Das heißt, mit Dari werden Sie überall in Afghanistan verstanden. Und niemand verlangt von ihnen, dass Sie die Grammatik beherrschen. Das tun selbst viele Afghanen nicht, gerade weil es oft nicht ihre Muttersprache ist. An einen kreativen Umgang mit der Grammatik ist man also gewöhnt.

Als Journalist, Entwicklungshelfer oder Soldat – egal aus welchem Grund Sie nach Afghanistan reisen, mit ein paar holprigen Sprachkenntnissen und dem nötigen Schuss Humor (man darf auch einmal über sich selber lachen, wenn es denn partout nicht mit der Verständigung klappen will) gewinnen Sie nicht nur einen viel besseren Eindruck vom Land, sondern auch die herzliche Zuneigung der Menschen. Nicht zuletzt deshalb, weil Sie sich äußerst positiv von all den Ausländern abheben, die nur auf Englisch mit der Bevölkerung kommunizieren können oder wollen und die in der Regel nicht englischsprachigen Afghanen damit beschämen.

Wenn Sie diesen Sprachführer zur Hand genommen haben, haben Sie bereits den ersten Schritt unternommen. Nun müssen Sie sich noch ein bisschen Zeit nehmen und die eine oder andere Vokabel auswendig lernen.

Hauptwörter

Das Wichtigste kann ihnen jedoch auch dieser Sprachführer nicht abnehmen: Versuchen Sie, soviel wie möglich zu sprechen!

Gerade wenn Sie nur ein paar Brocken Dari beherrschen, benutzen Sie diese immer und immer wieder! Sie werden merken, wie schnell man einfache Sätze bilden kann und seinerseits lernt, Dari zu verstehen. Haben Sie Mut und schämen Sie sich nicht, fürchten Sie sich vor allem nicht, auch mal einen Fehler zu machen.

Im Dari werden keine grammatischen Geschlechter unterschieden, es gibt also keine Unterscheidung in männliche und weibliche Formen.

Es gibt auch keinen bestimmten Artikel (der, die, das). Die Unbestimmtheit eines Wortes kann durch Anhängen eines -ê oder das vorgestellte Zahlwort yak verdeutlicht werden. Ansonsten ergibt sich die Bestimmtheit eines Wortes aus dem Zusammenhang:

mûtar	das Auto / ein Auto
yak mûtar	(genau) ein Auto
mûtar-ê	(irgend-)ein Auto

mûtar-e hamkâr-e man charâb aßt.
Auto-von Mitarbeiter-von ich kaputt ist
Das Auto von meinem Mitarbeiter ist kaputt.

pêsch-e châna-ye man mûtar-e charâb aßt.
vor-von Haus-von ich Auto-von kaputt ist
Vor meinem Haus ist ein kaputtes Auto.

Mehrzahl (Plural)

Mehrzahl (Plural)

Es gibt im Dari zwei Anfügungen, mit denen man aus einem Wort die Mehrzahl bilden kann. Die öfter vorkommende ist die Endsilbe -hâ.

Als Ausländer kann man auch einfach immer ein -hâ anfügen, das ist zwar nicht ganz korrekt, wird aber verstanden.

mûtar
Auto

mûtar-hâ
Autos

batscha
Junge

batscha-hâ
Jungen

Für einige (aber nicht alle!) Lebewesen, sowie paarweise vorkomme Körperteile wird die Endsilbe -ân gebraucht. Endet das Wort auf ein kurzes -a, wird daraus ein -gân.

mard
Mann

mard-ân
Männer

tâleb
Koranschüler

tâleb-ân
Koranschüler (Mz)

tschaschm
Auge

tschaschm-ân
Augen

newêßanda
Schriftsteller

newêßanda-gân
Schriftsteller (Mz)

Daneben gibt es für viele Wörter arabischer Herkunft unregelmäßige Mehrzahlbildungen, die man jedoch nur im gehobenen Sprachgebrauch beherrschen muss.

tefl   **atfâl**
Kind   Kinder

Nach Zahlenangaben stehen die Wörter immer in der Einzahl:

yak châna   **bêßt-o-pandsch châna**
ein Haus   *zwanzig-und-fünf Haus*
                 fünfundzwanzig Häuser

Verbindungs-e

Das Verbindungs-e ist für das Dari typisch, wichtig und kommt oft vor. Wörter, die nach afghanischem Sprachgefühl zusammengehören, werden im Dari mit einem Verbindungs-e verbunden. Dabei handelt es sich vor allem um ein Besitzverhältnis oder ein angeschlossenes Eigenschaftswort (Adjektiv). Das Verbindungs-e wird in diesem Buch immer mit „-von" übersetzt.

ketâb-e man   **ketâb-e dschâleb**
Buch-von ich   *Buch-von interessant*
mein Buch   das/ein interessantes Buch

ketâb-e dschâleb-e man
Buch-von interessant-von ich
mein interessantes Buch

Verbindungs-e

Endet das Wort, an das ein Verbindungs-e angeschlossen wird, auf einen Selbstlaut (Vokal), wird das -e zu -ye.

châna-ye man
Haus-von ich
mein Haus

châna-ye bozorg
Haus-von groß
das/ein großes Haus

Man kann mit dem Verbindungs-e beliebig viele Wörter verbinden. Dabei ist die Wortreihenfolge umgekehrt zum Deutschen: das, um was es geht, steht zuerst, dann kommen die nachfolgenden Informationen.

châna-ye bozorg-e hamsâya-ye berâdar-e kalân-e man
Haus-von groß-von Nachbar-von Bruder-von groß-von ich
Das große Haus des Nachbarn meines großen Bruders

Wörter, die mit Verbindungs-e verbunden sind, gehören zusammen, das heißt, es können keine anderen Satzteile zwischen sie gesetzt werden. Das einzige, was man dazwischen schieben kann, ist ein hinweisendes Fürwort:

dokkân-ye bozorg-e ên mard
Laden-von groß-von dieser Mann
der große Laden dieses Mannes

takßî-ye charâb-e ên derîwer
Taxi-von kaputt-von dieser Fahrer
das kaputte Taxi dieses Fahrers

Beugung

Dem Deutschen Genitiv (Wessen?) entspricht im Dari das Verbindungs-e:

ßêb-e tefl
Apfel-von Kind
Der Apfel des Kindes

Wem-Fall

Der deutsche Dativ (Wem?) wird mit dem Verhältniswort ba (zu) ausgedrückt.

ba tefl ßêb dâd.
zu Kind Apfel (er)gab
Er gab dem/einem Kind einen Apfel.

ba padar dschawâb dâd·am.
zu Vater Antwort (ich)gab
Ich antwortete dem Vater.

Wen-Fall (die Partikel „râ")

Der Akkusativ (Wen?) ist im Dari etwas komplizierter. Hier ist es wichtig, zwischen bestimmten und unbestimmten Objekten zu unterscheiden. Unbestimmte Objekte sind problemlos, sie erhalten keinerlei Zusätze bzw. Kennzeichnungen.

ßê o yak

Beugung

Handelt es sich jedoch um ein bestimmtes Objekt, muss nach dem Akkusativobjekt die Partikel râ folgen. Ein Objekt ist insbesondere dann bestimmt, wenn es durch ein hinweisendes Fürwort oder ein Besitzverhältnis näher bestimmt ist.

ketâb chând.
Buch (er)las
Er las ein Buch.

ketâb râ chând.
Buch best.-Akk. (er)las
Er las das Buch.

ên ketâb râ chând.
dieses Buch best.-Akk. (er)las
Er las dieses Buch.

ketâb-e man râ chând.
Buch-von ich best.-Akk. (er)las
Er las mein Buch.

Für ein râ muss es sich also um ein Akkusativobjekt handeln (Faustregel: etwas wird zum Objekt einer Handlung) und dieses muss bestimmt sein.

Man kann es sich auch so merken, dass viele Verben, bei denen etwas zum Objekt der Handlung gemacht wird (etwas wird gesehen, gegessen, gebaut, zerstört) „râ-verdächtig" sind. Wenn das Objekt nun auch noch bestimmt ist, *muss* ein râ folgen. Ist aber eine der beiden Bedingungen nicht erfüllt, darf *kein râ* gesetzt werden.

Beugung

Esel sind Verkehrsmittel und Lastentransporter

to râ dêd·am. aber: **ba to goft·am**
du best.-Akk. (ich)sah *zu du (ich)sagte*
ich sah dich ich sagte dir

ghezâ râ churd. aber: **ghezâ churd.**
Essen best.-Akk. (er)aß *Essen (er)aß*
Er aß das Essen. Er aß.

râ bezieht sich immer auf das ganze Objekt (mit allen Eigenschaften), steht also immer am Ende einer Verbindung von Wörtern.

ketâb-e nau-e dschâleb-at râ hanuz na·chând·ê?
Buch-von neu-von interessant-dein best.-Akk. noch nicht-(du)last
Hast du dein interessantes, neues Buch noch nicht gelesen?

Hinweisende Fürwörter

Ähnlich wie im Deutschen gibt es bei hinweisenden Fürwörtern zwei Abstufungen, je nachdem, ob es sich um nahe- oder ferner liegendes handelt.

ên	**ân**
diese/s/r	jene/s/r

ên châna chûrd aßt, ân kalân.
dieses Haus klein (es)ist jenes groß
Dieses Haus ist klein, jenes groß.

Die Ortsangaben „hier" und „dort" werden aus **ên/ân** und dem Wort **dschâ** (Ort) zusammengesetzt.

man êndschâ haßt·am, tû ândschâ haßt·ê.
ich hier (dieser-Ort) bin du dort (jener-Ort) bist
Ich bin hier und du bist dort.

Persönliche Fürwörter

Wie schon erwähnt, gibt es im Dari keine grammatischen Geschlechter.

man	ich	**mâ**	wir
tû	du	**schomâ**	ihr/Sie
û	er/sie/es	**ânhâ/êschân**	sie

Besitzanzeigende Fürworter

Gegenstände werden nicht mit einem persönlichen Fürwort, sondern mit einem hinweisenden Fürwort (ên/ân) bezeichnet.

Die Höflichkeitsform „Sie" ist die 2. Person Mehrzahl (ihr).

schomâ tschetûr hâßt·êd?
ihr wie seid
Wie geht es Ihnen?

Wenn man sehr respektvoll über eine Person spricht, benutzt man oft die 3. Person Mehrzahl êschân, wenn man ansonsten über eine Gruppe von Menschen spricht, benutzt man ânhâ.

êschân padar-e man haßt·and.
sie Vater-von ich sind
Er ist mein Vater.

Besitzanzeigende Fürworter

Eine Möglichkeit, Besitz auszudrücken, haben wir schon kennen gelernt. Man nimmt einfach ein Verbindungs-e, hängt es an das, was jemandem gehört, an und setzt das entsprechende persönliche Fürwort dahinter.

Diese einfache Möglichkeit kann man ruhig benutzen, falsch ist sie nie. Afghanen benutzen sie aber vor allem dann, wenn sie das Besitzverhältnis extra betonen wollen.

ketâb-e tû   **châna-ye mâ**
Buch-von du   *Haus-von wir*
dein Buch   unser Haus

Besitzanzeigende Fürworter

ên ketâb-e man aßt
dies Buch-von ich ist
Das ist mein Buch.
[und gehört niemand anderem]

Es gibt auch Endungen, die man an ein Wort hängen kann, um ein Besitzverhältnis auszudrücken, ohne es extra zu betonen.

-am	mein	-emâ	unser
-at	dein	-etân	euer
-asch	sein	-eschân	ihr

Endet das Wort auf einen Selbstlaut, wird ein y eingesetzt:

ketâb-am   **châna-yemâ**
Buch-mein   *Haus-unser*
mein Buch   unser Haus

Das besitzanzeigende Fürwort steht immer am Ende einer Reihe von Wörtern, die mit Verbindungs-e verbunden werden.

ketâb-e dschâleb-am
Buch-von interessant-mein
mein interessantes Buch

ketâb-e dschâleb-e man
Buch-von interessant-von ich
mein interessantes Buch

ketâb-e dschâleb-e nau-e âbê-yam
Buch-von interessant-von neu-von blau-mein
mein blaues, neues, interessantes Buch

Eigenschaftswörter

Eigenschaftswörter

Eigenschaftswörter stehen immer nach dem Wort, auf das sie sich beziehen, und müssen mit einem Verbindungs-e angebunden werden. Sie werden nie verändert, egal ob das Hauptwort männlich oder weiblich ist und ob es in der Einzahl oder der Mehrzahl steht.

mard-e bozorg
Mann-von groß
ein großer Mann

zan-e zêbâ
Frau-von schön
eine schöne Frau

ketâb-e chûb
Buch-von gut
ein gutes Buch

ketâbhâ-ye chûb
Bücher-von gut
gute Bücher

bâgh-e ßabz-e qaschang-e bozorg
Garten-von grün-von schön-von groß
ein großer, schöner, grüner Garten

Wie wir schon oben beim Verbindungs-e gesehen haben, kann man auch mehrere Eigenschaftswörter, durch Verbindungs-e verbunden, aneinanderreihen.

Ein râ oder das -ê, das die Unbestimmtheit ausdrückt, wird immer am Ende so einer Wörterverbindung platziert.

batscha-ye chûb-ê haßt.
Junge-von gut-(einer) (er)ist
Er ist ein guter Junge.

mûtar-e zard râ dêd·am.
Auto-von gelb best.-Akk. (ich)sah
Ich habe das gelbe Auto gesehen.

ßê o haft | 37

Steigern und Vergleichen

Wichtige Eigenschaftswörter

chûb	gut	bad	schlecht
kalân	groß	chûrd	klein
garm	warm	ßard	kalt
rûschan	hell	târîk	dunkel
dûr	weit	nazdêk	nah
ßabok *(Gewicht)*	leicht	ßangîn	schwer
âßân *(Aufgabe)*	leicht	ßacht	schwierig
gerân	teuer	arzân	billig
zyâd *(auch zeitl.)*	viel	kam	wenig
darâz *(Strecke)*	lang	kutâh	kurz

Farben

ßiyâh	schwarz	ßafîd	weiß
âbî	blau	ßorch	rot
ßabz	grün	zard	gelb

Steigern und Vergleichen

Steigern im Dari ist ganz einfach, man fügt an das Eigenschaftswort die Nachsilbe -tar an.

Für die Steigerung von chûb (gut) ist auch die Form behtar gebräuchlich.

chûb	gut	chûb-tar	besser
gerân	teuer	gerân-tar	teurer

Das gesteigerte Eigenschaftswort steht wie das normale Eigenschaftswort hinter dem Bezugswort und wird mit einem Verbindungs-e angefügt.

Steigern und Vergleichen

ketâb-e arzân-tar na·dâr·êd?
Buch-von billiger nicht-(ihr)habt
Haben Sie kein billigeres Buch?

Zum Vergleich benutzt man das Wort az (von):

ên ketâb dschâleb-tar az ân ketâb aßt.
dieses Buch interessanter von jenes Buch ist
Dieses Buch ist interessanter als jenes Buch.

tschâê az qahwa beßyâr choschmaza-tar aßt.
Tee von Kaffee sehr wohlschmeckender ist
Tee schmeckt viel besser als Kaffee.

Um den Superlativ auszudrücken, gibt es zwei Möglichkeiten: bei der ersten hängt man statt des -tar ein -tarên an das Eigenschaftswort und stellt die so gebildete Superlativform ohne Verbindungs-e vor das Bezugswort.

chûb-tarên dûßt
der beste Freund / ein bester Freund

arzân-tarên ketâb
das billigste Buch / ein billigstes Buch

Oder man benutzt die gesteigerte Form und drückt aus, dass etwas mehr, besser, schöner, billiger ... als alles andere sei.

ên moutar az hama chûb-tar aßt.
dieses Auto von alle besser ist
Dies ist das beste Auto.

ßê o nû | 39

Verhältniswörter

Verhältniswörter

Es gibt drei Arten von Verhältniswörtern (Präpositionen). Einige müssen mit einem Verbindungs-e oder einem anderem Verhältniswort an das betreffende Wort angeschlossen werden, andere werden ohne eine solche Verbindung verwendet. Direkt angeschlossen werden:

az	von / aus
ba	hin / zu
bâ	mit
bê	ohne
ellâ/tâ	bis
dar	in

Alle Verhältniswörter stehen direkt vor dem Bezugswort!

az kâbol ba kondoz raft.
von Kabul zu Kunduz (er)ging
Er fuhr von Kabul nach Kunduz.

bâ man gap zad.
mit ich Wort (er)schlug
Er sprach mit mir.

bê to ba ßênamâ na·mê·raw·am.
ohne du zu Kino nicht-(ich)gehe
Ohne dich gehe ich nicht ins Kino.

tâ dêrûz dar châna bûd.
bis gestern in Haus (er)war
Er war bis gestern zu Hause (im Haus).

Verhältniswörter

Verhältniswörter mit Verbindungs-e:

rû-ye	auf
zêr-e	unter
barâ-ye	für
hamrâh-e	mit
bêdûn-e	ohne
bêrûn-e	außerhalb
poscht-e	hinter
pêsch-e	vor (örtlich)
rû ba rû-ye	gegenüber
pahlû-ye	bei
nazdêk-e	nahe bei
pêsch-e	bei (Personen)

rû-ye mêz
auf dem Tisch

zêr-e mêz
unter dem Tisch

barâ-ye tû
für dich

hamrâh-e ü
mit ihm

bedûn-e man
ohne mich

rû ba rû-ye châna
gegenüber dem Haus

bêrûn-e châna
außerhalb des Hauses

poscht-e châna
hinter dem Haus

pahlû-ye schaffâchâna
beim Krankenhaus

nazdêk-e schaffâchâna
in der Nähe des Krankenhauses

dêruz pêsch-e man âmad.
gestern bei-von ich (er)kam
Gestern kam er zu mir.

tschehel o yak

Verhältniswörter

Verhältniswörter, die mit einem anderen Verhältniswort angeschlossen werden:

qabl az	vor (zeitl.)
ba'd az	nach (zeitl.)
gheyr az	außer

qabl az enqelâb **ba'd az nauruz**
vor der Revolution   nach dem Neujahrstag

gheyr az pûl
außer Geld

Das deutsche Verhältniswort „seit" existiert im Dari nicht. Stattdessen wird angegeben, wie lange ein Vorgang oder Zustand schon andauert.

pandsch rûz aßt ke dar afghâneßtân haßt·am.
fünf Tag (es)ist dass in Afghanistan (ich)bin
Ich bin seit fünf Tagen in Afghanistan.

Unterwegs auf der Landstraße

Bindewörter, Tätigkeitswörter

Bindewörter

wa	und
yâ	oder
ham	auch
ham ... ham	sowohl ... als auch
faqat	nur
lâken	aber
ba châter-e	weil

man wa tû **man ham** **faqat nân**
ich und du ich auch nur Brot

tschâê yâ qahwa **ham tschâê ham qahwa**
Tee oder Kaffee sowohl Tee als auch Kaffee

Tätigkeitswörter

Tätigkeitswörter (Verben) stehen im Dari immer ganz hinten im Satz. Um sie zu benutzen, muss man sich immer zwei Formen merken, die **Grundform,** aus der man dann ganz einfach die Vergangenheitsform bilden kann, und den **Gegenwartsstamm,** den man für die Gegenwartsformen braucht. Wenn man diese beiden Formen (Grundform und Gegenwartsstamm) hat, kann man dann aber ganz einfach loslegen.

Tätigkeitswörter

wichtige Tätigkeitswörter

	Grundform	Ggw-st.
sein	budan	(haßt)
haben	dâschtan	(dâr)
machen	kardan	(kon)
gehen	raftan	(raw)
kommen	âmadan	(ây)
holen/bringen	âwordan	(âwor)
sehen	dêdan	(bên)
hören	schenêdan	(schnaw)
sagen	goftan	(gûy)
wollen	châßtan	(châh)
können	tawâneßtan	(tawân)
essen	chûrdan	(chûr)
trinken	nûschêdan	(nûsch)
kaufen	charêdan	(char)
verkaufen	forûchtan	(forûsch)
bezahlen	pardâchtan	(pardâz)
geben	dâdan	(deh)
nehmen	gereftan	(gêr)
anziehen	pûschêdan	(pûsch)
legen/stellen	gozâschtan	(gozâr)

Im Dari braucht man für die Tätigkeitswörter keine persönlichen Fürwörter: um welche Person es sich handelt, kann man immer schon an der Form erkennen. Man kann das Fürwort aber zur Verstärkung dazu setzen oder um ganz sicher zu gehen, wenn man sich mit den Formen der Tätigkeitswörter noch ein bisschen unsicher ist.

Tätigkeitswörter

Zusammengesetzte Tätigkeitswörter

Im Dari gibt es sehr oft zusammengesetzte Tätigkeitswörter. Der erste Teil wird dabei nicht verändert, der Gegenwartsstamm gilt also nur für das zweite Wort.

sprechen	**gap zadan**	(zan)
sich unterhalten	**sohbat kardan**	(kon)
zurückkommen	**bar gaschtan**	(gard)
zeigen	**neschân dâdan**	(deh)
finden	**peydâ kardan**	(kon)
wiederholen	**tekrâr kardan**	(kon)
öffnen	**bâz kardan**	(kon)
helfen	**komak kardan**	(kon)
denken	**fekr kardan**	(kon)
vergessen	**farâmûsch kardan**	(kon)
bitten	**châhesch kardan**	(kon)
danken	**taschakor kardan**	(kon)
sich irren	**eschtebâh kardan**	(kon)
verbessern	**doroßt kardan**	(kon)
bauen, reparieren	**dschûr kardan**	(kon)
sauber machen	**pâk kardan**	(kon)

bâ û gap zad·am.
mit er Wort (ich)schlug
Ich habe mit ihm geredet.

man bâ û gap zad·am.
ich mit er Wort (ich)schlug
Ich [und niemand anders] habe mit ihm geredet.

Um den Aufbau der Verbformen zu verdeutlichen, haben wir die Personalendungen und die Vorsilben der Verben mit kleinen Pünktchen abgetrennt. Der mittlere Teil ist also immer der unveränderliche Verbstamm und nur der Teil hinter dem letzten Punkt muss verändert werden, wenn ich die Person verändern will.

tschehel o pandsch | 45

Gegenwart

Gegenwart

Für die Gegenwartsform braucht man drei Bestandteile, die Vorsilbe mê-, den Gegenwartsstamm und die Personalendung.

Den Gegenwartsstamm muss man zu jedem Tätigkeitswort dazulernen, die Personalendungen sind jedoch immer dieselben:

ich	-am
du	-ê
er/sie/es	-ad
wir	-êm
ihr	-êd
sie	-and

Mit diesen Endungen kann man jetzt bequem die Formen bilden. Zum Beispiel hat das Tätigkeitswort kardan (machen) den Gegenwartsstamm kon. Mit der Vorsilbe mê- und den Personalendungen sieht das also so aus:

Die Vorsilbe mê- muss bei allen Gegenwartsformen benutzt werden, außer bei den beiden unregelmäßigen Verben bûdan (sein) und dâschtan (haben).

mê-kon-am	(ich) mache
mê-kon-ê	(du) machst
mê-kon-ad	(er/sie/es) macht
mê-kon-êm	(wir) machen
mê-kon-êd	(ihr) macht
mê-kon-and	(sie) machen

ba bâzâr mê·raw·am.   ketâb mê·chân·am.
zu Markt (ich)gehe   *Buch (ich)lese*
Ich gehe zum Markt.   Ich lese ein Buch.

Sein und Haben

Sein und Haben

Diese beiden Tätigkeitswörter sind zwar unregelmäßig, aber auch nicht wirklich schwierig, man muss in der Gegenwart nur die Vorsilbe weglassen.

Der Gegenwartsstamm von būdan (sein) ist haßt und der von dâschtan (haben) dâr.

Aufgepasst: die 3. Person Einzahl (er/sie/es) von „sein" ist noch etwas unregelmäßiger.

haßt-am	(ich) bin
haßt-ê	(du) bist
aßt	(er/sie/es) ist
haßt-êm	(wir) sind
haßt-êd	(ihr) seid
haßt-and	(sie) sind

dâr-am	(ich) habe
dâr-ê	(du) hast
dâr-ad	(er/sie/es) hat
dâr-êm	(wir) haben
dâr-êd	(ihr) habt
dâr-and	(sie) haben

êndschâ haßt·am.
hier (ich) bin
Ich bin hier.

mûtar dâr·am.
Auto (ich) habe
Ich habe ein Auto.

âlmânê haßt·êm.
deutsch (wir) sind
Wir sind Deutsche.

penßel dâr·êd?
Stift (ihr) habt
Haben Sie einen Stift?

Sein und Haben

Unterwegs zum Bozkeshi-Turnier

Einige Ausdrücke, die im Deutschen als Zustand gesehen und daher mit „sein" gebildet werden („ich bin müde", „ich bin hungrig") werden im Dari als Ergebnis eines Prozesses ausgedrückt („ich wurde müde", „ich wurde hungrig") und mit dem Tätigkeitswort schodan (werden) in der Vergangenheit, die wir gleich kennen lernen, gebildet.

chaßta / goroßna / teschna schod·am.
müde / hungrig / durstig (ich)wurde
Ich bin müde / hungrig / durstig.

Vergangenheit

Vergangenheit

Die Vergangenheit ist fast noch ein bisschen benutzerfreundlicher als die Gegenwart: Wenn man die Grundform kennt, kennt man nämlich schon den Vergangenheitsstamm, eine Vorsilbe braucht man nicht, und die Personalendungen sind mit einer Ausnahme dieselben wie in der Gegenwart.

Im Dari enden alle Tätigkeitswörter in der Grundform auf -an. Den Vergangenheitsstamm erhält man, indem man nun von der Grundform die Endung -an abtrennt. Bei unserem Beispielwort kardan (machen) bleibt also kard übrig. Das ist jetzt der Vergangenheitsstamm, an ihn muss nur noch die passende Personalendung angefügt werden:

ich	-am
du	-ê
er/sie/es	-
wir	-êm
ihr/Sie	-êd
sie	-and

Die Endungen sind also dieselben wie in der Gegenwart, mit der Ausnahme der 3. Person Einzahl (er/sie/es), da wird in der Vergangenheit keine Endung angehängt, es steht also nur der Vergangenheitsstamm. Das sieht dann so aus:

tschehel o nû

Vergangenheit

kard-am	(ich) machte
kard-ê	(du) machtest
kard	(er/sie/es) machte
kard-êm	(wir) machten
kard-êd	(ihr) machtet
kard-and	(sie) machten

dêrûz ba bâzâr raft·am.
gestern zu Markt (ich)ging
Gestern ging ich zum Markt.

ketâb chând·am.
Buch (ich)las
Ich las ein Buch.

Die beiden unregelmäßigen Tätigkeitswörter bûdan (sein) und dâschtan (haben) sind in der Vergangenheit regelmäßig:

bûd-am	(ich) war
bûd-ê	(du) warst
bûd	(er/sie/es) war
bûd-êm	(wir) waren
bûd-êd	(ihr) wart / (Sie) waren
bûd-and	(sie) waren

dâscht-am	(ich) hatte
dâscht-ê	(du) hattest
dâscht	(er/sie/es) hatte
dâscht-êm	(wir) hatten
dâscht-êd	(ihr) hattet / (Sie) hatten
dâscht-and	(sie) hatten

Zukunft

Zukunft

Es gibt zwei Möglichkeiten, die Zukunft zu bilden. Die einfachere ist, wie im Deutschen auch, die ganz normale Gegenwartsform:

emßâl ba âfghaneßtân mê·raw·am enschallâ.
dieses-Jahr zu Afghanistan (ich)gehe so-Gott-will
Dieses Jahr fahre ich nach Afghanistan.

fardâ pêsche man mê·ây·ê?
Morgen bei ich (du)kommst?
Kommst du morgen zu mir?

*Bei Handlungen in der Zukunft sollte man bei frommen Afghanen den Zusatz **enschallâ** (so Gott will) nicht vergessen. Auch viele, die gar nicht so fromm sind, verwenden diese Floskel automatisch.*

Diese einfachere Form der Zukunft wird in der gesprochenen Sprache ganz überwiegend verwendet. Es gibt aber auch eine andere Art, die Zukunft zu bilden, die fast nur in der geschriebenen Sprache verwendet wird.

Dazu wird die Form châh- mit der Gegenwartsendung versehen und das betreffende Tätigkeitswort in der verkürzten Grundform (Infinitiv), also dem Vergangenheitsstamm, ohne Endung dahinter gestellt.

châh·am raft.
(ich)werde gehen
Ich werde gehen.

sâl-e âyanda enschallâ do bâra ba afghânestân châh·êm âmad.
Jahr-von kommendes so-Gott-will 2 mal nach Afghanistan (wir)werden kommen
Nächstes Jahr werden wir noch mal nach Afghanistan kommen.

pindscha o yak

Verneinung

Die Verbindung von châh- plus Endung und dem verkürzten Tätigkeitswort steht dabei immer zusammen am Ende des Satzes, auch bei zusammengesetzten Tätigkeitswörtern.

**do hafta dêgar enschallâ
ba Kâbol bar châh·ad gascht.**
*zwei Woche andere so-Gott-will
nach Kabul wieder (er)wird drehen*
In zwei Wochen wird er nach Kabul zurückkehren.

Verneinung

Die Verneinung im Dari ist ganz einfach, es wird einfach die Vorsilbe na- (nicht) vor die Form des Tätigkeitswortes gestellt, ganz egal in welcher Zeit.

ândschâ hanuz na·bûd·am.
dort noch nicht-(ich)war
Ich war noch nicht dort.

kâr na·mê·kon·ad.
Arbeit nicht-(er)macht
Er arbeitet nicht.

Nur ein Verb bildet dazu eine Ausnahme, das ist die Gegenwartsform von bûdan (sein), dort heißt der Stamm nêßt-.

Müssen, Können und Wollen

âlmânê nêßt·am, otrêschê haßt·am.
deutsch nicht-(ich)bin österreichisch (ich)bin
Ich bin kein Deutscher, ich bin Österreicher.

hawâ emrûz khûb nêßt.
Wetter heute gut nicht-(es)ist
Das Wetter ist heute nicht gut.

Müssen, Können und Wollen

Um ein Müssen, Können oder Wollen auszudrücken, braucht man noch eine weitere Form, die Möglichkeitsform (Konjunktiv). Dazu nimmt man die Gegenwartsform und tauscht nur die Vorsilbe aus, statt mê- setzt man be- davor.

Die Möglichkeitsform von kardan (machen) ist also be-kon-am (statt der normalen Gegenwartsform mê-kon-am).

Das Müssen ist am einfachsten auszudrücken, man nimmt die Form bâyad, die niemals verändert wird (also keine Personalendung erhält) und hängt die Möglichkeitsform der Person, die muss, dahinter.

Das be- kann zwar bei manchen Verben auch wegfallen, man macht aber nichts falsch, wenn man es immer verwendet.

bâyad be·raw·am. **bâyad be·ây·ê.**
(es)muss dass-(ich)gehe *(es)muss dass-(du)kommst*
Ich muss gehen. Du musst kommen.

bâyad bâ âqa-ye Kâbolê gap be·zan·êm.
(es)muss mit Herr-von Kabuli Wort dass-(wir)schlagen
Wir müssen mit Herrn Kabuli sprechen.

pindscha o ße | 53

Müssen, Können und Wollen

Die verneinte Form na-bâyad heißt „nicht dürfen".

na·bâyad êndschâ be·mân·êm.
nicht-(es)muss hier dass-(wir)bleiben
Wir dürfen nicht hier bleiben.

châstan (wollen – Gegenwartsstamm châh-) und tawâneßtan (können – Gegenwartsstamm tawân-) sind dagegen eigenständige Tätigkeitswörter, die auch Personalendungen erhalten. Hier darf man nicht vergessen, dass auch das zweite Tätigkeitswort (das in der Möglichkeitsform) seine Personalendung erhält!

mê·châh·am nân be·char·am.
(ich)möchte Brot dass-(ich)kaufe
Ich möchte Brot kaufen.

mê·tawân·ed ba man komak be·kon·êd?
(ihr)könnt zu ich Hilfe dass-(ihr)macht
Können Sie mir helfen?

Nur die Möglichkeitsform von „sein" und „haben" ist mal wieder unregelmäßig. Für bûdan (sein) lautet sie bâsch- plus Personalendung und für dâschtan (haben) besteht sie sogar aus zwei Wörtern, dâschta bâsch- plus Personalendung.

bâyad châmûsch bâsch·ê.
(es)muss ruhig dass-(du)bist
Du musst still bleiben.

mê·châh·êm rûznâma dâschta bâsch·êm.
(wir)wollen Zeitung dass-(wir)haben
Wir möchten eine Zeitung haben.

Auffordern und Befehlen

Auffordern und Befehlen

Die Befehlsform wird wie die Möglichkeitsform gebildet, nur dass, wenn die Aufforderung sich an eine Person richtet, die Personalendung komplett weggelassen wird.

be·kon! **be·newêß!**
Mach! Schreib!

motawadsche bâsch!
Aufmerksamkeit sei!
Pass auf!

tambal na·bâsch, kâr be·kon!
faul nicht-sei! Arbeit mach!
Sei nicht faul, arbeite!

In der Wort-für-Wort-Übersetzung ist die Befehlsform mit einem Ausrufezeichen (!) markiert.

Tätigkeitswörter, deren Gegenwartsform auf -y endet, wie âmadan (kommen – Gegenwartsstamm ây-) oder goftan (sagen – Gegenwartsstamm gûy-) verlieren in der Befehlsform das -y:

ba êndschâ be·â! **ba man be·gû!**
zu hier komm! *zu ich sag!*
Komm hierher! Sag es mir!

Bei der Aussprache von raftan (gehen – Gegenwartsstamm raw-) in der Einzahl der Befehlsform gibt es auch eine kleine Besonderheit, es wird borû ausgesprochen.

pindscha o pandsch

Fragen

borû, marâ âzâr na·deh!
geh mich Belästigung nicht-gib
Geh weg, belästige mich nicht!

Richtet sich die Aufforderung an mehrere Personen, wird die Endung -êd angefügt. Dasselbe gilt auch für Personen, die gesiezt werden. Diese Form entspricht also der Möglichkeitsform.

be·kon·êd!   **be·neweß·êd!**
Macht!   Schreibt!

âqâ, lotfan ba man pandsch dâna nân be·deh·êd!
Herr bitte zu ich fünf Stück Brot (ihr)gebt!
Mein Herr, bitte geben Sie mir fünf Brote!

Fragen

Ein Fragesatz unterscheidet sich von einer Aussage nur in der Betonung, die Satzstellung bleibt gleich.

Wie im Deutschen hebt man zum Satzende die Betonung, um die Frage deutlich zu machen.

padar kâr mê·kon·ad.
Vater Arbeit (er)macht
Der Vater arbeitet.

padar kâr mê·kon·ad?
Vater Arbeit (er)macht
Arbeitet der Vater?

Fragen

Hamêd chûb aßt.   **Hamêd chûb aßt?**
Hamed gut (er)ist   *Hamed gut (er)ist*
Hamed geht es gut.   Geht es Hamed gut?

Mohammad yakschambe mê·raß·ad enschallâh.
Mohammad Sonntag (er)kommt-an so-Gott-will
Mohammad kommt Sonntag an.

Mohammad yakschambe mê·raß·ad?
Mohammad Sonntag (er)kommt-an
Kommt Mohammad Sonntag an?

Fragewörter	
kê	wer?
tschê	was?
tschêtûr	wie?
kodschâ	wo?
kay	wann?
kodâm	welcher?
tscherâ	warum?
tschand	wie viel?

Fragewörter werden an die Stelle gesetzt, an der im Aussagesatz die fragliche Aussage stehen würde.

padar tschê mê·kon·ad?
Vater was (er)macht
Was macht der Vater?

Hamêd tschêtûr aßt?
Hamed wie (er)ist
Wie geht es Hamed?

Mohammad kay mê·raß·ad?
Mohammad wann (er)kommt-an
Wann kommt Mohammad an?

pindscha o haft

Fragen

Mit den oben angegebenen Fragewörtern und Verhältniswörtern kann man zusammengesetzte Fragewörter bilden.

az kodschâ	*von wo*	woher
ba kodschâ	*zu wo*	wohin
tschê moddat	*was Dauer*	wie lange
tschê waqt	*was Zeit*	wann
tschê qadr	*wie Wert*	wie viel
barâ-ye tschê	*für was*	wofür
tâ kay	*bis wann*	bis wann

tscherâ hat zwei Verwendungsmöglichkeiten: zum einen ist es das Fragewort „Warum?", zum anderen ist es aber auch die Antwort „doch" auf eine verneinte Frage.

tscherâ ba bâzâr raft·ê?
warum zu Markt (du)gingst
Warum gingst du zum Markt?

ba châter-e ên ke gûscht na·dâscht·êm.
mit Gedächtnis-von dieses dass Fleisch nicht-(wir)hatten
Weil wir kein Fleisch mehr hatten.

aber:
emrûz ba bâzâr na·raft·ê?
heute zu Markt nicht-(du)gingst
Gingst du heute nicht zum Markt?

tscherâ, qabl az zohr ba bâzâr raft·am.
doch vor von Mittag zu Markt (ich)ging
Doch, ich bin vormittags zum Markt gegangen.

Zahlen & Zählen

Zahlen & Zählen

Um die Zahlen von Null bis zu einer Million anwenden zu können, braucht man nur die Zahlen von 0-20, die Zehnerzahlen von 30-90 sowie die Begriffe für „hundert" und „tausend" zu lernen. Der Rest ist ganz logisch aufgebaut. Im Dari schreibt man die Zahlen etwas anders als bei uns.

ßefr	۰	null
yak	۱	eins
dû	۲	zwei
ße	۳	drei
tschehâr	۴	vier
pandsch	۵	fünf
schasch	۶	sechs
haft	۷	sieben
hascht	۸	acht
nû	۹	neun
da	۱۰	zehn

yâzda	۱۱	elf
dwâzda	۱۲	zwölf
ßêzda	۱۳	dreizehn
tschehârda	۱۴	vierzehn
pânzda	۱۵	fünfzehn
schânzda	۱۶	sechzehn
hafda	۱۷	siebzehn
hadschda	۱۸	achtzehn
nûzda	۱۹	neunzehn
bêßt	۲۰	zwanzig

Die Mengenangaben stimmen mit unserem System überein, es gibt also grâm *und* kêlûgrâm (kêlû).

Zahlen & Zählen

ßê	dreißig	haftâd	siebzig
tschehel	vierzig	haschtâd	achtzig
pindscha	fünfzig	nawad	neunzig
schaßt	sechzig	ßad	hundert

Die Zahlen ab 21 sind regelmäßig zu bilden. Man hängt ein o (und) an die Zehnerzahl und setzt die Einerzahl dahinter.

bêßt o yak	einundzwanzig
ßê o dû	zweiunddreißig
tschehel o ße	dreiundvierzig
pindscha o tschehâr	vierundfünfzig
schaßt o pandsch	fünfundsechzig
haftâd o schasch	sechsundsiebzig
haschtâd o haft	siebenundachtzig
nawad o hascht	achtundneunzig
yak ßad o nû	einhundertneun

Auch die Zahlen über Hundert sind einfach zu bilden. Auch hier werden die Hunderter, Zehner und Einer mit o verbunden.

yak ßad o bêßt o haft
hundert und zwanzig und sieben
hundertsiebenundzwanzig

Die 100er-Reihe ist ebenfalls ganz logisch.

ßad	hundert
dû ßad	zweihundert
ße ßad	dreihundert
tschehâr ßad	vierhundert

Zahlen & Zählen

pandsch ßad	fünfhundert
schasch ßad	sechshundert
haft ßad	siebenhundert
hascht ßad	achthundert
nû ßad	neunhundert
hazâr	tausend

tschehâr mûtar
vier Auto
vier Autos

da ßâl
zehn Jahr
zehn Jahre

dû ßad o ßê o yak hazâr gûßfand
zwei hundert und dreißig und ein tausend Schaf
zweihunderteinunddreißigtausend Schafe

Nach einer Zahl steht niemals eine Mehrzahlform, sondern immer die Einzahl!

Für die Zahl „hunderttausend" verwendet man auch die Form lak.

Oft wird hinter der Zahl das Wort **dâna** oder **tâ** (Stück) eingefügt.

pandsch dâna nân
fünf Stück Brot
fünf Brote

bêßt tâ qalam
zwanzig Stück Stift
zwanzig Stifte

Auch wenn die Buchstaben von rechts nach links geschrieben werden, schreibt und liest man Zahlen von links nach rechts, innerhalb einer Kombination von Zahlengruppen – wie zum Beispiel Datumsangaben – aber wieder von rechts nach links.

۳۶۵	۱۳۸۴/۰۵/۱۹
365	*1384/05/19*
	19.05.1384 (entspricht 10. 8. 2005)

schaßt o yak | **61**

Zahlen & Zählen

Ordnungszahlen

Es gibt zwei Arten von Ordnungszahlen, die beide gleich verwendet werden können und sich nur wenig unterscheiden. Für die erste Art wird an die Grundzahlen die Endung -om angefügt. Endet die Grundzahl auf einen Selbstlaut (das ist immer bei einer zwei oder drei als letzter Zahl der Fall), wird ein w dazwischengesetzt, die Endung lautet dann also -wom. Eine Ergänzung gibt es noch: „erste" kann neben der regelmäßigen Form yekom auch awwal heißen.

Diese Art von Ordnungszahlen wird wie ein Eigenschaftswort verwendet, also mit Verbindungs-e an das Wort angefügt.

darß-e yek-om   **darß-e awwal**
Lektion-von erste *Lektion-von erste*
erste Lektion   erste Lektion

chatt-e ße-wom   **rûz-e pandsch-om**
Zeile-von dritte   *Tag-von fünfter*
dritte Zeile   fünfter Tag

tschehârrâh-e dû-wom
Kreuzung-von zweite
zweite Kreuzung

Für die zweite Möglichkeit, Ordnungszahlen zu bilden, wird die Endung -omên bzw. nach Selbstlaut -womên angefügt und die

Zahlen & Zählen

Ordnungszahl wie ein Superlativ vor das Wort gestellt.

haft-omên châna **do-womên tabaqa**
siebtes Haus zweite Etage

Zeitangaben

fe'lan/hâlâ	jetzt
ßobh	morgens
qabl az zohr	vormittags
zohr	mittags
ba'd az zohr	nachmittags
aßr	abends
schab	nachts

emrûz	heute
dêrûz	gestern
parêrûz	vorgestern
ßabâ / fardâ	morgen
dêgar ßabâ	übermorgen
emßâl	dieses Jahr
ßâl-e gozaschta	letztes Jahr
ßâl-e âyanda	nächstes Jahr

dû rûz (hafta/mâh/ßâl) qabl
zwei Tag (Woche/Monat/Jahr) vor
vor zwei Tagen (Wochen/Monaten/Jahren)

tschehâr rûz (hafta/mâh/ßâl) dêgar
vier Tag (Woche/Monat/Jahr) andere
in vier Tagen (Wochen/Monaten/Jahren)

schaßt o ße

Zeit & Datum

Zeit & Datum

Um die Uhrzeit auszudrücken, kann das persische Wort ßâ'at (Uhr/Stunde, mit Verbindungs-e) vorgestellt werden, das paschtunische badscha (Uhr) nachgestellt, oder beide benutzt werden.

ßâ'at-e pandsch
Uhr-von fünf
fünf Uhr

pandsch badscha
fünf Uhr
fünf Uhr

Die Uhrzeit kann näher bestimmt werden, um Missverständnisse zu vermeiden:

ßâ'at-e pandsch badscha
Uhr-von fünf Uhr
fünf Uhr

ßâ'at-e schasch-e ßobh
Uhr-von sechs-von morgens
sechs Uhr morgens

ßâ'at-e nû badscha-ye qabl az zohr
Uhr-von neun Uhr-von vor von Mittag
neun Uhr vormittags

Wird ßâ'at nicht vor, sondern nach der Zahl verwendet, bedeutet es nicht „Uhr", sondern „Stunden".

dû ßâ'at tûl mê·kesch·ad.
zwei Stunde Dauer (es)zieht
Es dauert zwei Stunden.

aber:

tâ ßâ'at-e dû tûl mê·kesch·ad.
bis Uhr-von zwei Dauer (es)zieht
Es dauert bis zwei Uhr.

pandsch ßâ'at montazer-e tû bûd·am.
fünf Stunde Wartender-von dir (ich)war
Ich habe fünf Stunden auf dich gewartet.

aber:

ßâ'at-e pandsch montazer-e tû bûd·am.
Uhr-von fünf Wartender-von dir (ich)war
Ich habe um fünf Uhr auf dich gewartet.

Datum, Wochentage, Monate

Die afghanische Woche beginnt am Samstag (schambe). Die folgenden fünf Tage werden ganz einfach gebildet, indem die Zahlen eins bis fünf vorgefügt werden. Die Wochentage Sonntag bis Donnerstag heißen daher wörtlich „Eins-Samstag" bis „Fünf-Samstag". Der Freitag ist der letzte Tag der Woche, das Gegenstück zu unerem Sonntag. Behörden haben in der Regel schon ab Donnerstag mittag bis Samstag morgen geschlossen. Private Geschäfte haben freitags durchaus geöffnet, allerdings oft zu eingeschränkten Öffnungszeiten. Freitags mittags findet das gemeinsame Gebet in einer Freitagsmoschee statt.

Zeit & Datum

schambe	Samstag
yak schambe	Sonntag
dû schambe	Montag
ße schambe	Dienstag
tschehâr schambe	Mittwoch
pandsch schambe	Donnerstag
dschom'a	Freitag

In Afghanistan gibt es drei verschiedene Kalender: den afghanischen, den europäischen und den islamischen. Der wichtigste ist natürlich der afghanische Kalender. Er ist ein Sonnenkalender, das Jahr hat also wie bei uns 365 Tage. Die Monate entsprechen den Sternkreiszeichen und tragen auch die arabischen Sternkreisnamen.

Das Jahr beginnt am 21. März mit dem Neujahrsfest (naurûz). Grundlage der Zeitrechnung ist die Flucht des Propheten Mohammad aus Mekka (hidschra) im Jahre 622.

Das Jahr 1394 entspricht dem Zeitraum vom 21. März 2015 bis zum 20. März 2016.

Die Länge der einzelnen Monate weicht etwas von unseren Monaten ab, darum verschieben sich die Monatsbeginne im Laufe des Jahres.

hamal (Widder)	21.03. – 20.04.
ßaur (Stier)	21.04. – 21.05.
dshauza (Zwillinge)	22.05. – 21.06.
ßaratân (Krebs)	22.06. – 22.07.

aßad (Löwe)	23.07. – 22.08.
ßombola (Jungfrau)	23.08. – 22.09.
mêzân (Waage)	23.09. – 22.10.
aqrab (Skorpion)	23.10. – 21.11.
qauß (Schütze)	22.11. – 21.12.
dschaddê (Steinbock)	22.12. – 20.01.
dalou (Wassermann)	21.01. – 19.02.
hût (Fische)	20.02. – 20.03.

Auch die europäische Zeitrechnung ist in Afghanistan bekannt, vor allem unter gebildeten Städtern. Die Monate werden hier englisch ausgesprochen.

Der dritte Kalender, der im Leben der Afghanen eine Rolle spielt, ist der islamische Mondkalender. Nach diesem werden die religiösen Feiertage und auch die jährliche Fastenzeit ramazân errechnet. Da es sich um einen Mondkalender handelt, verschiebt sich das islamische Neujahr im Verhältnis zum Sonnenkalender.

Da der erste Tag des afghanischen Jahres zugleich Frühlingsanfang ist, entsprechen immer drei Monate den Jahreszeiten.

bahâr	Frühling
	(hamal, ßaur, hauza)
tâbeßtân	Sommer
	(ßaratân, aßad, ßombola)
chazân	Herbst
	(mêzân, aqrab, qauß)
zemeßtân	Winter
	(dscheddê, dalou, hût)

Die Dorfjugend von Baharak in Ost-Badakhshan

Kurz-Knigge

Das afghanische Wertesystem ist dem europäischen eigentlich gar nicht so wesensfremd, aber bestimmte Aspekte werden ganz anders gewertet. Zusammenfassend kann man vielleicht sagen, dass Afghanen statt auf Effizienz und Fortschritt mehr Wert auf zwischenmenschlichen Umgang und gesellschaftliche Harmonie legen und auch viel mehr Zeit darin investieren; Bezugspunkt ist weniger das Individuum als die Gemeinschaft.

Bescheidenheit und Großzügigkeit – dazu zählt vor allem Gastfreundlichkeit – sind wichtige Eckpunkte in diesem System. Ein Mensch soll seinen Platz in der Gesellschaft kennen und akzeptieren, das heißt zunächst mal seinen Platz in der Familie – und zwar in der afghanischen Großfamilie, die gleichzeitig das gesellschaftliche Ansehen der Einzelnen vorformt und die wirtschaftliche Absicherung darstellt. So wie das Ansehen der Familie das Ansehen des Einzelnen beeinflusst, hat das Handeln der Familienmitglieder wiederum Auswirkungen auf das Familienansehen.

Geradlinigkeit, Direktheit, ein „offenes Wort", das zu einem offenen Konflikt führen kann, gelten in der afghanischen Gesellschaft als unhöflich und Ausdruck schlechter Erziehung. Sollte man als Ausländer mit

Kurz-Knigge

Ganz wichtig ist, das eigene Gesicht zu wahren, also niemals öffentlich einen Fehler oder einen Schwindel zuzugeben oder gar von anderen dazu getrieben zu werden. Es ist dagegen verzeihlich, sich mit einer Unwahrheit vor dem Gesichtsverlust zu retten.

einer derartigen Situation konfrontiert werden, sollte man also auf gar keinen Fall so lange den Gesprächspartner in die Ecke treiben, bis er einen Fehler zugibt, sondern diesen großzügig mit Schweigen übergehen oder einen harmlosen Scherz machen.

Viele Afghanen verstehen die westliche Fokussierung auf problemorientierte Effizienz nicht. Ein Gespräch oder ein Arbeits-Abendessen muss gar nicht dem Ansprechen und Lösen von Problemen dienen, das menschliche Kennenlernen ist nach afghanischem Verständnis für eine fruchtvolle Zusammenarbeit viel wichtiger. Entsprechend rangiert auch die sklavische Bindung an Uhrzeiten in der afghanischen Werteordnung sehr weit hinten, auch auf dem Weg zu einem wichtigen Termin muss man ja damit rechnen, einem Bekannten über den Weg zu laufen, sich für diesen dann keine Zeit zu nehmen wäre viel unhöflicher, als verspätet zu einem Termin zu erscheinen.

Religion

Die Religion spielt im täglichen Leben in Afghanistan eine große Rolle. Beileibe nicht alle Afghanen sind religiös, aber als Ausländer tut man gut daran, besonders sensibel mit diesem Thema umzugehen.

Das fängt damit an, dass man Diskussionen über das Thema Religion aus dem Weg gehen sollte. Damit ist natürlich nicht die Antwort auf die Frage nach der Religionszugehörigkeit gemeint. Aber man sollte weder angeben, dass man gar keiner Religion angehört noch Glaubenssätze des Islams angreifen oder herabwürdigen.

Zu den Pflichten, die der Islam den Gläubigen auferlegt, gehört das Gebet (fünfmal am Tag) und das Fasten im Fastenmonat ramazân. Bei beidem sollten Gläubige nicht gestört werden. Für das Gebet gibt es bestimmte Zeiten, sie müssen zwar nicht streng eingehalten werden (und werden es meistens auch nicht), jedoch sollte man Rücksicht und Verständnis für Gläubige zeigen, die genau dies tun wollen. Betende dürfen unter keinen Umständen gestört werden und man darf nicht direkt vor ihnen vorbeigehen.

Im Fastenmonat darf von Sonnenaufgang bis Sonnenuntergang weder gegessen noch getrunken oder geraucht werden. Dies gilt zwar nicht für Nichtmuslime, aber in der Öffentlichkeit sollte man dennoch darauf verzichten. Da der Fastenmonat nach dem islamischen Mondkalender ausgerechnet wird, wandert er durch das Jahr und beginnt jedes Jahr einige Tage früher.

Alkohol ist in Afghanistan offiziell tabu, manche Afghanen trinken zwar heimlich, aber die große Mehrheit missbilligt dieses Verhalten. Man sollte sich nach Möglichkeit von Alkohol fern halten, trinkt man dennoch etwas, sollte es verborgen bleiben.

 Kurz-Knigge

Geschlechtertrennung

Die Geschlechtertrennung ist in Afghanistan sehr stark ausgeprägt. Das hat weniger mit der Religion zu tun als mit afghanischen Traditionen und vor allem der miserablen Sicherheitslage seit Beginn des Bürgerkriegs.

Als Mann darf man niemals eine fremde Frau anstarren oder sogar ansprechen, man könnte sie damit beleidigen und in Unannehmlichkeiten, eventuell sogar in Gefahr bringen.

Umgekehrt sollten Frauen keine fremden Männer ansprechen. Auch wenn man nur nach dem Weg fragt, sollte man sich immer nur an gleichgeschlechtliche Personen wenden. Männer und Frauen dürfen sich in der Öffentlichkeit nicht berühren und schon gar nicht um den Hals fallen, selbst wenn sie verheiratet sind. Dagegen ist es völlig unproblematisch, wenn zwei Männer Hand in Hand durch die Straße gehen.

Als Mann sollte man auch jede explizite Frage nach dem Befinden weiblicher Familienangehöriger unterlassen.

Natürlich gelten alle diese Grundsätze in verschiedenen Gegenden und verschiedenen gesellschaftlichen Kreisen in ganz unterschiedlichem Maße. Man ist aber gut beraten, wenn man sie zunächst jederzeit beherzigt, auch wenn man schon abweichende Erfahrungen gemacht hat.

Kurz-Knigge

Kleidung

Sowohl Frauen als auch Männer sollten ihren Körper weitgehend bedecken.

Frauen sollten weite Kleidung und nach Möglichkeit ein Kopftuch tragen. Viele Afghanen akzeptieren zwar, dass ausländische Frauen andere Sitten haben, aber die Anpassung an die örtlichen Sitten ist ein Zeichen von Respekt, das einem viel Sympathie einbringen kann.

Viele afghanische Frauen tragen außerhalb der relativen Sicherheit des eigenen Hauses die den ganzen Körper verhüllende Burqa (tschâdarê). Das wird nicht als Zeichen für familiäre Unterdrückung gesehen, sondern ist leider oft der beste Schutz vor übler Nachrede, Belästigungen oder sogar Vergewaltigungen.

Männer müssen ihren Oberkörper bedeckt lassen, dürfen keine kurzen Hosen und sollten nach Möglichkeit auch keine kurzen Ärmel tragen.

Wenn die wirtschaftliche Lage es zulässt, tragen Afghanen saubere und gepflegte Kleidung. Man sollte ihnen daher nicht etwa im verschwitzten Uniformunterhemd gegenübertreten, sondern sich ebenfalls um gepflegte Kleidung bemühen.

Am Kabul-Fluss

haftâd o ße

 **Namen**

Namen

Namen in Afghanistan sind mehr als nur ein Kapitel für sich. Die meisten Afghanen haben keinen Nachnamen, dafür aber oft mehrere Vornamen. Außerdem gibt es einige Namenszusätze oder Ergänzungen, die manchmal verwendet oder auch weggelassen werden.

Da es auch bei der Übertragung von afghanischen Namen aus der Dari-Schrift keine Regeln gibt, welcher europäische Buchstabe für welchen Dari-Buchstaben verwendet wird, kommt es, wenn Ausländer über Afghanen sprechen, immer wieder zu Verwechslungen oder aus einer Person werden mehrere gemacht.

Ein Beispiel: hadschê ßayyd Gholâm Rahmân Kâbolê (der Mekkapilger und Nachfahre des Propheten Gh. R. Kabolê) kann sowohl als hadschê Gholâm Rahmân, als ßayyd Gholâm Rahmân, als Gholâm Rahmân oder auch als Gholâm Rahmân chân benannt werden.

Selbstverständlich kann auch einer der beiden Vornamen weggelassen werden, so dass er auch hadschê Gholâm oder ßayyd Rahman genannt werden könnte. Hier ist jede denkbare Kombination möglich. Den Nachnamen verwenden vor allem Afghanen, die viel Kontakt zu Ausländern hatten und sich an diese westliche Sitte gewöhnt haben.

Namen

Wenn man sich nicht sicher ist, ob es sich bei mehreren Namen um ein und dieselbe Person handelt, muss man nachfragen, das geht Afghanen auch nicht anders.

Die folgenden Anreden werden dem Vornamen vorgestellt oder können ohne diesen mit einem nachgestellten âqâ bzw. ßâheb verwendet werden:

oßtâd	Professor, Meister
endschinêr	Ingenieur
dâktar	Dr.
hadschê	Mekkapilger
ßayyd	Nachkomme des Propheten
maulawê / mollâ	religiöser Gelehrter
âqâ-ye oßtâd / oßtâd ßâheb	Herr Meister / Professor
raîß ßâheb	Herr Präsident / Direktor
wazêr ßâheb	Herr Minister
moâwen ßâheb	Herr Stellvertreter
oßtâd	Meister / Professor
Mohammad	Mohammad

Die folgenden Anreden werden dem Vornamen nachgestellt:

chân	höhergestellter Herr
dschân	„lieber..."

Ismael chân	Herr Ismael (sehr respektvoll)
Ismael dschân	lieber Ismael

Die Verwendung der Titel ist in Afghanistan deutlich lockerer und informeller als bei uns. So kann etwa der Titel „Ingenieur" bereits auf einen Ingenieurs-Studenten angewendet werden, oder aber auf jemanden, der den Entschluss geäußert hat, das Fach einmal zu studieren. Selbstverständlich wird auch der Besitzer einer Konstruktionsfirma auf dieser Anrede bestehen, unabhängig davon, ob er einen entsprechenden Abschluss vorzuweisen hat.

haftâd o pandsch | **75**

Anrede

In Afghanistan sollte man Fremde immer siezen, also die Höflichkeitsform schomâ (ihr) verwenden. Auch gute Freunde können sich siezen. Nur erkennbar sozial niedriger gestellte Personen bzw. Kinder werden immer geduzt. Ansonsten wird die richtige Anrede durch Alter und sozialen Status bestimmt.

Etwa Gleichaltrige können als berâdar (Bruder) bzw. châhar (Schwester) angesprochen werden; ältere Männer als kâkâ (Onkel) oder padar (Vater). Unbekannte können auch einfach als âqâ (Herr) bzw. Frauen als hamschêra (Schwester) oder chânom (Dame) angesprochen werden. Professoren, Handwerksmeister, aber auch Taxifahrer werden als oßtâd angeredet, was soviel wie „Meister" bedeutet.

eßm-e schomâ tschê aßt?
Name-von ihr was ist
Wie heißen Sie?

eßm-e man ... aßt.
Name- von ich ... ist
Ich heiße...

Wenn man über eine dritte Person spricht, empfiehlt sich die respektvolle Höflichkeitsform êschân, dazu wird die 3. Person Mehrzahl verwendet.

êschân kê haßt·and?
sie wer sind?
Wer ist das?

êschân padar-am haßt·and.
sie Vater-mein sind
Das ist mein Vater.

Begrüßen & Verabschieden

Die Begrüßung lautet in Afghanistan zu jeder Tageszeit ßalâm (Frieden) – oder etwas förmlicher ßalâm alaykom (Friede sei mit Euch) mit der korrekten Antwort wa alaykom ßalâm (und mit Euch Friede). Danach kommt dann aber unbedingt die Frage, wie es dem Anderen geht. Auf die Antwort, dass es einem gut geht (was grundsätzlich immer gesagt wird), wird nun das Gegenüber nach seinem Befinden befragt. Das kann mehrfach und mit verschiedenen Floskeln geschehen, daher kosten afghanische Begrüßungen in der Regel etwas Zeit, sich diese nicht zu nehmen, wäre aber unhöflich.

Zusätzlich kann man sich (förmlich) die rechte Hand geben (wobei der Händedruck nicht zu stark sein sollte), diese als Zeichen der Ehrerbietung anschließend auf die Brust legen oder das Gegenüber umarmen und auf die rechte oder beide Wangen küssen. Das kann bei guten Freunden geschehen oder als Zeichen der Wertschätzung und Sympathie.

Mit einem Smartphone können Sie sich die mit einem 🔊 gekennzeichneten Sätze dieses Kapitels anhören. Scannen Sie einfach den QR-Code mit Hilfe einer kostenlosen App (z. B. „Barcoo" oder „Scanlife").

▪ Wasserholen in der Nähe von Feyzabad

Begrüßen & Verabschieden

Eine respektvolle Form der Begrüßung, bei der der Körperkontakt vermieden wird (zum Beispiel, wenn sich Männer und Frauen begrüßen oder auf größere Entfernung) ist, sich einfach nur die rechte Hand auf die Brust zu legen.

🔊 **schomâ tschetûr haßt·ed?**
Ihr wie seid
Wie geht es Ihnen?

🔊 **tschê hâl dâr·êd?**
was Zustand (ihr)habt
Wie geht es Ihnen?

🔊 **chûb haßt·ed?** 🔊 **chûb haßt·ê?**
gut (ihr)seid *gut (du)bist*
Geht es Ihnen gut? Geht es dir gut?

🔊 **taschakkor, chûb haßt·am.**
danke gut (ich)bin
Danke, mir geht es gut.

🔊 **wa schomâ tschetûr haßt·ed?**
und Ihr wie (ihr)seid
Und wie geht es Ihnen?

🔊 **alhamdulillâh!**
gelobt-sei-Gott
Gelobt sei Gott, dass es Ihnen/mir gut geht!

Die Verabschiedung ist dagegen etwas kürzer, sie erfolgt entweder mit **ba amân-e chodâ** *(in Kabul geläufiger) oder mit* **chodâ hâfez** *(wird eher im Norden und Westen benutzt). Die Bedeutung beider Formeln ist gleich.*

🔊 **ba amân-e chodâ.**
zu Schutz-von Gott
Möge Gott Sie beschützen.
(= Auf Wiedersehen!)

🔊 **chodâ hâfez.**
Gott Beschützer
Möge Gott Sie beschützen.
(= Auf Wiedersehen!)

Floskeln & Redewendungen

Floskeln & Redewendungen

Beglückwünscht wird in Afghanistan eigentlich alles: die Geburt eines Kindes, der Kauf eines größeren Gegenstandes oder auch ein Feiertag.

🔊 **mobârak bâsch·ad.**
gesegnet dass-(es)sei
Herzlichen Glückwunsch!

îd-e schomâ mobârak.
Feiertag-von Ihr gesegnet
Herzlichen Glückwunsch zum Feiertag.

îd-etân mobârak bâsch·ad.
Feiertag-eurer gesegnet dass-(er)sei
Herzlichen Glückwunsch zum Feiertag.

Feierliche Eröffnung einer neu gebauten Brücke in Jorm, Ost-Badakhshan

Floskeln & Redewendungen

Dass jemand nicht müde sein soll, kann sowohl ein aufmunternder Zuruf an schwer Arbeitende sein, als auch ein Dank für jemanden, der sich für einen angestrengt hat.

Weitere Segenswünsche:

🔊 **ßafar ba chair.**
Reise zu Gutes
Gute Reise!

🔊 **chosch be·gzar·ad.**
angenehm dass-(es)vergehe
Viel Spaß!

mowafaq bâsch·êd.
erfolgreich seid
Viel Erfolg!

mânda na·bâsch·êd.
müde nicht-(ihr)seid
Seien Sie nicht müde!

Will man etwas tun, was einen anderen berührt (z. B. ein Gespräch unterbrechen und kurz aus dem Raum herausgehen), kann man dem anderen um seine Erlaubnis fragen und dann, ohne auf dessen Antwort zu warten, das tun, was man vorhat:

🔊 **bâ êdschâza-ye schomâ.**
mit Erlaubnis-von Ihr
Mit ihrer Erlaubnis.

mâ schâ' allâh schreiben auch viele stolze Taxi- oder LKW-Fahrer auf ihr Gefährt, auch wenn ein deutscher TÜV-Sachverständiger bei dessen Anblick sicher ganz andere Gefühle entwickeln würde.

Eine besondere Floskel ist das arabische **mâ schâ' allâh** (etwa: was Gott will!), dahinter steckt ein alter Aberglaube, dass nämlich schöne und gute Dinge oder auch kleine Kinder die bösen Geister anziehen. Deswegen wird — insbesondere wenn jemand laut über etwas Schönes, Gutes oder sonst wie Bewundernswertes gesprochen hat — schnell erwähnt, dass dies Allahs Wille sei, was die bösen Geister wieder vertreibt.

Im übertragenen Sinne bedeutet der Spruch daher Bewunderung oder Stolz.

haschtâd

Bitten, Danken, Entschuldigen

Wenn man jemanden um etwas bittet, verwendet man lotfan oder auch châhesch mêkonam (wörtlich: ich mache bitte).

🎧 **lotfan ba man komak kon·êd.**
bitte zu ich Hilfe macht
Bitte, helfen Sie mir.

🎧 **châhesch mê·kon·am ba man gûsch kon·êd.**
Bitte (ich)mache zu ich Ohr macht
Ich bitte Sie, hören Sie mir zu.

Mit einem Smartphone können Sie sich die mit einem 🎧 gekennzeichneten Sätze dieses Kapitels anhören.

Bedanken kann man sich mit taschakkor oder einer der vielen Dankesfloskeln:

🎧 **(beßyâr) taschakkor mê·kon·am.**
(sehr) danke (ich)mache
Vielen Dank!

taschakkor yak dschahân.
danke eins Welt
Vielen Dank!

motaschakker·am.
dankend (ich)bin
Danke.

chair be·bên·êd.
Gutes dass-(ihr)seht
Danke.

ßalâmât bâsch·êd.
Gesundheit dass-(ihr)seid
Danke.

🎧 **zahmat kaschêd·êd.**
Anstrengung (ihr)zogt
Sie haben sich sehr viel Mühe gemacht.

Bitten, Danken, Entschuldigen

Dass man sich setzen soll, wird man öfter hören, wenn man mit Afghanen zu tun hat, da diese Aufforderung auch eine Frage der Höflichkeit ist. Afghanen nuscheln umgangssprachlich meistens: be·schên·êd.

Die Antwort auf „Danke" ist châhesch mêkonam *(ich mache bitte)* oder mehrabânê-ye schomâßt *(Ihre Güte),* kurz auch einfach mehrabânê.

Will man jemanden zu einem Tun auffordern (etwa zum Essen, Betreten eines Raumes, oder der andere soll zuerst durch eine Tür gehen) verwendet man befarmâed (wörtl.: befehlen Sie!).

🕭 **be·farmâ·êd, be·neschên·êd.**
(ihr)befehlt! (ihr)setzt-euch!
Bitte sehr, setzen Sie sich.

Entschuldigung heißt auf Dari bebachschêd (wörtlich: entschuldigt!).

🕭 **be·bachsch·êd, ...**
(ihr)entschuldigt!
Entschuldigen Sie, ...

🕭 **mê·tawân·êd ba man komak kon·êd?**
(ihr)könnt zu mir Hilfe dass-(ihr)macht
... können Sie mir helfen?

🕭 **be·bachsch·êd, eschtebâh kard·am.**
(ihr)entschuldigt! Fehler (ich)machte
Entschuldigen Sie, ich habe einen Fehler gemacht.

🕭 **be·bachsch·êd, schomâ râ âzâr dâd·am.**
(ihr)entschuldigt! Ihr dir.-Akk. Belästigung (ich)gab
Entschuldigen Sie, ich habe Sie belästigt.

82 haschtâd o dû

Das erste Gespräch

Afghanen sind neugierig, vor allem, wenn sie einer eher niedrigen sozialen Schicht angehören.

Die Frage, ob man verheiratet ist, wie viele Kinder man hat (und falls nicht, warum das so ist) und auch wie viel Lohn man verdient, ist schon beim ersten Gespräch ganz normal.

🔊 **eßm-e schomâ tschê aßt?**
Name-von ihr was (es)ist
Wie heißen Sie?

🔊 **eßm-e man ... aßt.**
Name- von ich ... (es)ist
Ich heiße...

🔊 **az kodschâ haßt·êd?**
aus wo (ihr)seid
Von woher kommen Sie?

🔊 **az âlmân / otrêsch / ßwêß haßt·am.**
aus Deutschland / Österreich / Schweiz) (ich)bin
Ich komme aus Deutschland / Österreich / der Schweiz.

âlmânî / otrêschî / ßwêßî haßt·am.
deutsch / österreichisch / schweizerisch (ich)bin
Ich bin Deutscher / Österreicher / Schweizer.

Weniger PS als ein Ferrari – kommt dafür aber auch überall hin!

haschtâd o ße | 83

Das erste Gespräch

kam kam darî mê·fahm·am.
wenig wenig Dari (ich)kann
Ich verstehe nur ein bisschen Dari.

schomâ âlmânî / englêßî balad haßt·êd?
ihr Deutsch / Englisch kundig seid
Können Sie Deutsch / Englisch?

tschand ßâla haßt·êd?   **... ßâla haßt·am.**
wieviel jährig (ihr)seid   *... jährig (ich)bin*
Wie alt sind Sie?   Ich bin ... Jahre alt.

tsche kâr mê·kon·êd?
was Arbeit (ihr)macht
Was ist ihre Arbeit?

man chabarnegâr haßt·am.
ich Journalist (ich)bin
Ich bin Journalist.

Journalist	**chabarnegâr**
Soldat	**aßkar / ßarbâz**
Offizier	**afßar / ßâheb manßab**
Berater	**moschâwer**
Bauer	**dehqân**
Arbeiter	**kârgar**
Fahrer	**derêvar**
Arzt	**dâktar**
Sanitäter	**paraßtâr**
Lehrer	**mo'allem**
Ingenieur	**endschinyêr**
Student	**mohaßel**
Beamter	**ma'mûr**

Das erste Gespräch

mâsch-e schomâ tsche qadr aßt?
Lohn-von Ihr was viel (es)ist?
Wie viel verdienen Sie?

arûßî kard·êd?   **bale, arûßî kard·am.**
Heirat (ihr)machtet   *ja Heirat (ich)machte*
Sind Sie verheiratet?   Ja, ich bin verheiratet.

ne, hanuz arûßî na·kard·am.
nein noch Heirat nicht-(ich)machte
Nein, ich bin noch nicht verheiratet.

tscherâ ne?   **hanûz waqt dâr·am.**
warum nein   *noch Zeit (ich)habe*
Warum nicht?   Ich habe noch Zeit.

tschand tâ tefl dâr·êd?
wieviel Stück Kind (ihr)habt
Wie viele Kinder haben Sie?

yak dochtar wa ße batscha dâr·am.
eins Mädchen und drei Junge (ich)habe
Ich habe eine Tochter und drei Söhne.

hanuz tefl na-dâr·am.
noch Kind nicht-(ich)habe
Ich habe noch keine Kinder.

tschand waqt aßt dar afghâneßtân haßt·êd?
wieviel Zeit (es)ist in Afghanistan (ihr)seid
Wie lange sind Sie schon in Afghanistan?

haschtâd o pandsch

Das erste Gespräch

> **tschehâr rûz / hafta / mâh dar afghâneßtân haßt·am.**
> *vier Tag / Woche / Monat in Afghanistan (ich)bin*
> Ich bin seit vier Tagen / Wochen / Monaten in Afghanistan.

Eine wichtige Frage ist auch die nach der Religionszugehörigkeit:

> **tschand waqt mê·mân·êd?**
> *wieviel Zeit (ihr)bleibt*
> Wie lange bleiben Sie?

> **moßolmân haßt·êd?**   **ne, maßêhê haßt·am.**
> *Moslem (ihr)seid*   *nein Christ (ich)bin*
> Sind Sie Moslem?   Nein, ich bin Christ.

Dass jemand keiner Religion angehört, sollte man in Afghanistan nicht laut sagen.

Gerade weil Afghanistan vom Krieg zerstört und unsicher ist, brennen Afghanen darauf, von Ausländern etwas Positives über ihr Land zu hören:

> **afghâneßtân tschetûr aßt?**
> *Afghanistan wie (es)ist*
> Wie finden Sie Afghanistan?

> **keschwar-e beßyâr qaschang aßt.**
> *Land-von sehr schön (es)ist*
> Es ist ein sehr schönes Land.

> **mardom beßyâr mehrabân wa mehmânnawâz aßt.**
> *Volk sehr freundlich und gastfreundlich (es)ist*
> Die Leute sind sehr freundlich und gastfreundlich.

haschtâd o schasch

Zu Gast sein

Gastfreundschaft ist ein zentraler Bestandteil der afghanischen Kultur. Das Ansehen einer Person richtet sich auch danach, inwieweit er gewillt und wirtschaftlich in der Lage ist, Gäste einzuladen. Aber aufgepasst: gerade weil Einladungen auch das Ansehen einer Person bestimmen, kann es passieren, dass sie nur der Höflichkeit halber ausgesprochen werden. Wenn man dann sofort zustimmt, kann man den überraschten „Gastgeber" in große Schwierigkeiten stürzen, denn nun verlangt die Höflichkeit es, dass er den Gast mit allem gebotenen Aufwand empfängt. Selbst wenn die wirtschaftliche Lage es gar nicht zulässt, muss der Gast bekocht und beherbergt werden. Deshalb sollte man bei einer Einladung zunächst vorsichtig reagieren und sich bedanken, aber nicht sofort annehmen. Wenn der Gastgeber es ernst meint, wird er die Einladung ohnehin so oft wiederholen, bis Sie annehmen.

Grundsätzlich wird sich gerade ein armer Afghane jede Mühe machen, um Sie zu bewirten. Ihm dafür aber Geld anzubieten wäre eine Beleidigung, da man seine Großzügigkeit und die Motive seiner Gastfreundschaft in Frage stellen würde. Ein kleines Geschenk, insbesondere Süßigkeiten für die Kinder, ist jedoch eine gute Möglichkeit, seinen Dank auszudrücken.

Mit einem Smartphone können Sie sich die mit einem 🎧 gekennzeichneten Sätze dieses Kapitels anhören.

Zu Gast sein

Ist man beim Gastgeber angekommen (meistens wird zum Abendessen eingeladen), wird man in einen besonderen Teil des Hauses geführt, der Gästen vorbehalten ist. Das kann ein ganzes Zimmer oder auch die Ecke einer Hütte sein. Vor dem Betreten des Raumes werden immer die Schuhe ausgezogen. Soldaten dürfen ihre Stiefel zwar anlassen, aber gerade wenn ein Teppich ausliegt, sollte man die Stiefel ausziehen.

In den meisten Familien werden männliche Besucher die Frauen des Hauses nicht zu sehen bekommen, man sollte auch nicht nach ihnen fragen.

Nach dem Eintreten werden zunächst Tee und Knabbereien serviert und man unterhält sich ausgiebig, bevor das Essen aufgetragen wird. Gegessen wird traditionell auf einem Tuch (deßtarchân) auf dem Boden. Feste Portionen gibt es nicht, es werden große Schüsseln aufgetragen, und jeder nimmt sich was er will, wobei es für den Gastgeber eine besondere Ehre ist, dem Gast die besten Stücke auf den Teller zu legen. Es ist höflich, sich ein bisschen zu zieren, aber von einem Gast wird erwartet, dass er viel isst.

Der Gastgeber wird oft das Essen herunterspielen und sich für die bescheidene Qualität entschuldigen, er erwartet aber, dass der Gast energisch protestiert und das Essen lebhaft lobt. Das sollte man auch auf jeden Fall tun.

Kann man sich mit dem Essen gar nicht anfreunden oder ist man schon satt, kann man nach ein paar Bissen seine ausgestreckte Hand über den Teller halten und sich entschuldigen, man muss aber auf jeden Fall etwas essen.

Zu Gast sein

Gegessen wird in traditionellen Haushalten ohne Besteck, dabei wird aus Reis und anderen Bestandeilen mit der rechten Hand eine kleine Kugel gerollt und in den Mund gesteckt. Fast immer gibt es Fladenbrot (nân) zum Essen, mit diesem kann man z. B. Fleischstücke oder Suppe aufnehmen.

Führen Sie das Essen nicht mit der linken Hand zum Mund, mit dieser säubern Afghanen sich auf der Toilette. Zum Zerreißen des Fladenbrotes müssen Sie aber selbstverständlich auch die linke Hand benutzen.

Als Gast sollten Sie nie direkt fragen, ob sie etwas bekommen können (Tee, Essen etc.). Es ist die Pflicht des Gastgebers, dafür zu sorgen, dass Sie alles bekommen, was er anzubieten hat. Wenn Sie ihn auf etwas ansprechen, ist das ein Vorwurf, dass er diese Pflicht vernachlässigt hat!

🎵 **emschab châna-ye mâ taschrêf âwar·êd!**
heute-abend Haus-von wir Ehre (ihr)bringt
Besuchen Sie mich heute abend bei mir zu Hause!

mehmân-e mâ schaw·êd!
Gast-von wir (ihr)werdet
Seien Sie unser Gast!

🎵 **châna-ye mâ mehmân schaw·êd!**
Haus-von wir Gast (ihr)werdet
Seien Sie unser Gast!

🎵 **az taraf-e mâ da'wat haßt·êd.**
von Seite-von wir Einladung (ihr)seid
Wir laden Sie ein.

🎵 **taschakkor, lotf-e schomâ aßt.**
Danke Güte-von ihr (es)ist
Vielen Dank, das ist sehr nett von Ihnen.

Zu Gast sein

ba tschaschm!
zu Auge
(auf eine Einladung:)
Vielen Dank, gerne!

🎵 **be·farmâ·êd, dâchel!**
(ihr)befehlt! Inneres
Bitte, treten Sie ein!

🎵 **tschây mê·chor·êd?**
Tee (ihr)trinkt
Möchten Sie Tee trinken?

🎵 **chosch âmad·êd!**
froh (ihr)kamt
Herzlich Willkommen!

Wenn man mit großer Hochachtung über Personen spricht, verwendet man die 3. Person Plural und das Fürwort êschân:

🎵 **batscha-ye kalân-e man, Mahmûd.**
Sohn-von groß-von ich Mahmûd
Mein ältester Sohn Mahmûd.

🎵 **êschân padar-e man haßt·and.**
sie Vater-von ich (sie)sind
Das ist mein Vater.

🎵 **chosch schod·am.**
glücklich (ich)wurde
Ich bin erfreut, Sie kennen zu lernen.

🎵 **be·farmâ·êd, be·chûr·êd!**
(ihr)befehlt! esst!
Bitte, essen Sie!

nawad

Zu Gast sein

Fromme Afghanen tun alles „im Namen Gottes", also wird auch das Essen mit beßmelláh (arabisch) oder be nâm-e chodâ (persisch) eröffnet.

🕮 **beßmellâh kon·êd.**
Im-Namen-Gottes macht
Fangen Sie an zu essen.

🕮 **bah bah … beßyâr choschmaza aßt.**
mhhhh … sehr wohlschmeckend (es)ist
Mhhhh … es schmeckt sehr gut.

bah bah drückt anders als im Deutschen keinen Abscheu, sondern Entzücken aus!

🕮 **baß, taschakkor.**   🕮 **ßêr schod·am.**
genug danke   *satt (ich)wurde*
Danke, das ist genug.   Ich bin satt.

🕮 **schomâ hêtsch tschêzê na·chûrd·êd!**
Sie nichts etwas nicht-(ihr)aßt
Sie haben ja gar nichts gegessen!

🕮 **beßyâr chûrd·am,
nân wâqean choschmaza bûd.**
viel (ich)aß Essen wirklich wohlschmeckend (es)war
Ich habe reichlich gegessen,
das Essen war vorzüglich.

Die Höflichkeit verlangt, dass der Gastgeber den Gast immer wieder dazu drängt, noch mehr zu essen und ihn zum Bleiben auffordert.

🕮 **az da'wat-e (mehmân-nawâzî-ye)
schomâ beßyâr taschakkor mê·kon·am!**
*von Einladung-von (Gast-Freundschaft-von)
Ihr sehr danke (ich)mache*
Vielen Dank für ihre Einladung
(Gastfreundschaft)!

nawad o yak

Unterwegs …

Unterwegs …

In den großen Städten, vor allem in Kabul, wimmelt es nur so von Taxis (takßê). Da die meisten Afghanen auf sie angewiesen sind, sind sie sehr preiswert.

Taxi

Kleine Umwege von der geplanten Strecke werden auf gutes Zureden unternommen, man kann aber auch einfach an einem Zwischenziel halten und von dort aus mit einem anderen Taxi weiterfahren.

Üblicherweise fährt ein Taxi eine bestimmte Linie und nimmt unterwegs Passagiere mit derselben Zielrichtung auf. Man kann also unkompliziert einem Taxi zuwinken, das in etwa in die gewünschte Richtung fährt. Ebenso unkompliziert kann man an seinem Zielort aussteigen. Da in ein afghanisches Taxi deutlich mehr Fahrgäste und Fracht als in ein europäisches passen (ohne dass das Auto an sich größer wäre, versteht sich) kann das Aussteigen allerdings manchmal auch ganz schön schwierig sein. Den Betrag rechnet der Fahrer anhand des Anteils an der Gesamtstrecke aus.

Stadtzentrum, Kabul

Unterwegs …

Für Ausländer gibt es auch noch die Möglichkeit, dass man ein Taxi nur für sich nimmt und dem Fahrer sagt, wo man hin will.

Das nennt man dann dar baßt (geschlossene Tür). Da es für die Fahrer profitabler ist, werden sie es bei einem Ausländer wahrscheinlich sowieso probieren.

takßê kodschâ aßt?
Taxi wo ist
Wo gibt es Taxis?

(ba) tschehârrâh-e paschtûneßtân mê·raw·êd?
zu Kreuzung-von Paschtunistan (ihr)geht
Fahren Sie zum Paschtunistanplatz?

tschehârrâh-e paschtûneßtân?
Kreuzung-von Paschtunistan
Fahren Sie zum Paschtunistanplatz?

ne, dar baßt na·mê·châh·am.
nein Tür geschlossen nicht-(ich)möchte
Nein, ich möchte nicht als einziger Fahrgast fahren.

man râ ba ßefârat-e âlmân be·bar·êd!
ich dir.-Obj. zu Botschaft-von Deutschland (ihr)bringt!
Bringen Sie mich zur deutschen Botschaft!

lotfan maydân-e hawâê.
bitte Platz-von luftig
Zum Flugplatz bitte.

man îndschâ pyâda mê·schaw·am.
ich hier Fußgänger (ich)werde
Ich steige hier aus.

nawad o ße

Unterwegs …

Man kann auch vor dem Einsteigen nach dem Preis fragen, das empfiehlt sich besonders beim dar baßt fahren.

🔊 **oßtâd, tschand schod?**
Meister wieviel (es)wurde
Herr Taxifahrer, wie viel Geld kriegen Sie?

🔊 **tâ … tschand mê·schaw·ad?**
zu … wieviel (es)wird
Wieviel kostet es nach … ?

Minibus

Minibusse (**mînîbûß**) sind größer als Taxis, das System funktioniert aber gleich. Sie fahren festgelegte Strecken und sind etwas günstiger als Taxis. Außerdem fahren Minibusse auch lange Strecken außerhalb der Städte.

Es gibt bestimmte Sammelstellen, von denen Minibusse in eine Richtung fahren, man kann aber auch unterwegs zusteigen, wenn man an der Strecke steht.

🔊 **êßtgâh-e mûtarhâ-ye paghmân kodschâ aßt?**
Station-von Autos-von Paghman wo ist
Wo ist die Sammelstelle der Minibusse nach Paghman?

🔊 **ba paghmân mê·raw·êd?**
zu Paghman (ihr)geht
Fahren Sie nach Paghman?

Bus

In den großen Städten gibt es auch Buslinien. Busse heißen entweder **ßerwîß** oder **baß**, sind sehr günstig und eine Fahrt mit ihnen ist ein echtes Abenteuer für Fortgeschrittene.

Unterwegs ...

Am besten erkundigt man sich immer, ob man wirklich mit diesem Bus in die gewünschte Richtung fahren kann und lässt sich rechtzeitig vor dem gewünschten Ziel vorwarnen, damit man genug Zeit hat, um dem Fahrer Bescheid zu sagen, dass man aussteigen will (wenn dort sonst niemand aussteigen will).

Tickets müssen vor der Fahrt an bestimmten Verkaufsstellen erworben und dann dem Fahrer gegeben werden.

🎵 **kodschâ mê·tawân·am tekket-e ßerwîß be·char·am?**
wo (ich)kann Ticket-von Bus dass-(ich)kaufe
Wo kann ich Bustickets kaufen?

🎵 **în ßerwîß ba kodschâ mê·raw·ad?**   🎵 **în ßerwîß ba ... mê·raw·ad?**
dieser Bus zu wo (er)geht   *dieser Bus zu ... (er)geht*
Wohin fährt dieser Bus?   Fährt dieser Bus nach ...?

🎵 **mê·châh·am ba ... be·raw·am, mê·tawân·am bâ în ßerwîß be·raw·am?**
(ich)möchte zu ... dass-(ich)gehe (ich)kann mit dieser Bus dass-(ich)gehe
Ich möchte nach ... fahren, kann ich mit diesem Bus fahren?

🎵 **mê·tawân·êd ba man be·guy·êd kodschâ bâyad pyâda schaw·am?**
(ihr)könnt zu ich dass-(ihr)sagt wo (es)muss Fußgänger dass-(ich)werde
Können Sie mir sagen, wo ich aussteigen muss?

🎵 **pyâda mê·schaw·am!**
Fußgänger (ich)werde
Ich möchte aussteigen!

nawad o pandsch

Unterwegs ...

Orte & Wegbeschreibungen

🍃 **... tsche qadar dûr aßt?**
... was viel weit (es)ist
Wie weit ist es nach ...

🍃 **pyâda tsche qadar râh aßt?**
zu-Fuß was viel Weg (es)ist
Wie lange dauert es zu Fuß?

🍃 **râh-e ... kodâm aßt?**
Weg-von ... welcher (es)ist
Welches ist der Weg nach ...?

🍃 **în râh ba ... mê·raw·ad?**
dieser Weg zu ... (es)geht
Führt dieser Weg nach ...?

🍃 **az ... têr schaw·êd.**
von ... vorbei (ihr)werdet
Gehen Sie an ... vorbei.

ba tânketêl na-reß·êd
zu Tankstelle nicht-(ihr)ankommt
vor der Tankstelle

🍃 **ba taraf-e tschap (râßt) be·raw·êd.**
zu Richtung-von links (rechts) (ihr)geht!
Gehen Sie nach links (rechts).

In Afghanistan funktionieren Adressen etwas anders als bei uns, da es nicht überall Straßen-

Stadtzentrum, Feyzabad

Unterwegs ...

namen und erst recht keine Straßenschilder gibt – von einem Teil des Stadtzentrums von Kabul einmal abgesehen – enthält die Adresse meistens schon eine komplette Wegbeschreibung. Sie beginnt an einem markanten Punkt oder einer Hauptverkehrsstraße und schildert dann in Einzelheiten, wie man zum gesuchten Ort gelangt. Das geht selten ohne Fragen vor Ort ab.

🔊 **be·bachsch·êd, poscht-e ... mê·gard·am.**
(ihr)entschuldigt! hinter-von ... (ich)drehe-mich
Entschuldigung, ich suche ...

âqâ-ye Kâbolê dar kodâm manzel zendegê mê·kon·ad?
Herr-von Kabuli in welcher Etage / Wohnung Leben macht
In welcher Etage / Wohnung lebt Herr Kabuli?

Botschaft	**ßefârat**
Flugplatz	**maydân-e hawâê**
Platz	**maydân**
Straße	**ßarak; dschâda**
Tankstelle	**tânketêl**
Krankenhaus	**schaffâchâna**
Arzt	**dâktar**
Kino	**ßînamâ**
Restaurant	**rastûrân**
Bäckerei	**nânwâê**
geradeaus	**moßtaqêm**
links	**tschap**
rechts	**râßt**

(manzel heißt sowohl „Etage" als auch „Wohnung"!)

nawad o haft | **97**

Unterwegs ...

mit dem Auto

tânketêl / warkschâp kodschâ aßt?
Tankstelle / Werkstatt wo (sie)ist
Wo gibt es eine Tankstelle / Autowerkstatt?

lotfan tânk râ por kon·êd.
bitte Tank dir.-Obj. voll (ihr)macht
Volltanken bitte.

lotfan ... râ tabdêl / dschûr kon·êd.
bitte ... dir.-Obj. Wechsel / Reparatur (ihr)macht
Bitte ... wechseln / reparieren.

în charâb aßt.   **... charâb aßt.**
dieses kaputt ist   *... kaputt ist*
Das da ist kaputt.   ... ist kaputt.

Reifen	teir
Reifenpanne	pantschar
Bremsen	brêk
Bremsflüssigkeit	mâye'-e brêk
Motor	mâschên
Zündkerzen	palak
Wasser	âb
Öl	mobleil
Benzin / Diesel	petrûl / dîzal
Batterie	betrî
Werkzeug	ßâmân
Kanister	gêlana
Ersatzteil	dschozwiât-e mûtar, porza-ye mûtar

Unterwegs ...

die Maiwand-Straße in der Altstadt, Kabul

🗣 **mûtar charâb schod.**
Auto kaputt (es)wurde
Das Auto ist kaputt.

🗣 **mûtar tschalân na·mê·schw·ad**
Auto an nicht-(es)wird
Der Motor springt nicht an.

🗣 **schomâ mê·taw·ân·êd ân râ dschûr kon·êd?**
ihr könnt jenes dir.-Obj. Reparatur dass-(ihr)macht
Können Sie das reparieren?

🗣 **tsche qadr tûl mê·kasch·ad?**
wie viel Länge (es)zieht
Wie lange dauert das?

nawad o nû | 99

Übernachten

Übernachten

In den Städten Afghanistans gibt es Hotels (hûtal) und Gästehäuser, die sich an Ausländer richten (nicht zuletzt was die Preise angeht) und deren Personal in der Regel englisch spricht.

Außerhalb der großen Städte gibt es die traditionellen Herbergen (mehmânchâna) bzw. Teehäuser (tschâêchâna), in denen Gäste in der Regel auch übernachten können. In ländlichen Gegenden, die vom Krieg nicht so stark verwüstet wurden, gibt es oft auch noch ein Gästehaus des Dorfoberhauptes, das Reisenden nach Einladung offen steht und selbstverständlich nicht kommerziell ist.

Reisende können weiter auch in einer Moschee (maßdsched) übernachten oder sich an eine „offizielle" Stelle wenden – etwa einen Distriktgouverneur (woloßwâl) oder die Polizei (pûlêß). Und eine in Afghanistan gar nicht unwahrscheinliche Variante ist die Einladung durch einen Zufallsbekannten. Auch hier gilt, dass zunächst erfreut und höflich abgelehnt werden sollte. Ist die Einladung ernst gemeint, wird sie wiederholt.

Bei aller Betonung der außergewöhnlichen afghanischen Gastfreundschaft muss aber auch erwähnt werden, dass insbesondere durch den Krieg und die anhaltenden Militäroperationen Fremde unter Umständen auch als Bedrohung wahrgenommen werden und ihre Anwesenheit Misstrauen auslösen kann.

Übernachten

hûtal (hûtal-e chûb/ mehmânchâna) kodschâ peidâ mê·schaw·ad?
Hotel / Hotel-von gut / Gästehaus wo gefunden (es)wird
Wo gibt es ein Hotel / gutes Hotel / Gästehaus?

kodschâ mê·tawân·am schab râ têr kon·am?
wo (ich)kann Nacht dir.-Obj. vorbeigeh dass-(ich)mache
Wo kann ich die Nacht verbringen?

otâq-e châlê dâr·êd?
Zimmer-von frei (ihr)habt
Haben Sie ein freies Zimmer?

mâ ... nafar haßt·êm.
wir ... Person (wir)sind
Wir sind ... Personen.

kerâya-ye otâq barâ-ye yak (dû) schab tschand aßt?
Miete-von Zimmer für-von ein (zwei) Nacht wieviel (es)ist
Wieviel kostet eine (zwei) Übernachtung/en?

markazgarmî / bochârê / kûler aßt?
Heizung / Ofen / Klimaanlage (es)ist
Gibt es eine Heizung / Ofen / Klimaanlage?

na-mê·tawân·am kelkîn râ bâz (baßta) kon·am.
nicht-(ich)kann Fenster best.-Obj. offen (geschlossen) (ich)mache
Ich kann das Fenster nicht öffnen (schließen).

âb kodschâ aßt?
Wasser wo (es)ist
Wo gibt es Wasser?

yak ßad o yak | 101

Toiletten

Toiletten

Toiletten (taschnâb) gibt es in Afghanistan nur in den Städten. Außer in den westlichen Hotels handelt es sich dabei um Steh- bzw. Hockklos. Zur Reinigung wird die linke Hand benutzt, die anschließend mit Wasser gesäubert wird. Toilettenpapier (kâghaz-e taschnâb) ist in weiten Teilen des Landes nicht immer zu finden. Mittlerweile gibt es zwar mehr Toilettenpapier, auch auf dem Land, aber wer darauf nicht verzichten kann, sollte sich einen entsprechenden Vorrat anlegen und immer bei sich führen.

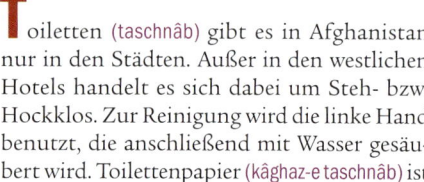

Weg nach Shahr-e Bozorg (tadschikische Grenze)

In den ländlichen Gebieten Afghanistans gibt es simple Plumpsklos – oder man(n) hockt sich einfach hin (in größeren Ortschaften gibt es dafür bestimmte Gebiete), wobei die landesüblichen weiten Gewänder das „Geschäft" verschleiern.

🔊 **taschnâb kodschâ aßt?**
Toilette wo (es)ist
Wo gibt es eine Toilette?

Essen & Trinken

Essen & Trinken

Traditionell wird in Afghanistan von einem Tuch oder einer Decke (deßtarchân) auf dem Boden sitzend gegessen. Vor dem Betreten werden die Schuhe ausgezogen und man sitzt im Schneidersitz oder mit abgewinkelten Beinen, so dass die Fußsohlen niemandem entgegengestreckt werden.

Vor dem Essen wäscht man sich die Hände, dazu kann einer der Gastgeber mit einem Krug Wasser und einem Handtuch die Runde machen. Gegessen wird mit den Fingern – genauer gesagt mit den Fingern der rechten Hand (die linke wird zum Säubern auf der Toilette benutzt, daher graust es Afghanen bei der Vorstellung, diese zum Essen zu benutzen). Ausländische Gäste erhalten aber unter Umständen Besteck.

Mit einem Smartphone können Sie sich die mit einem 🎧 gekennzeichneten Sätze dieses Kapitels anhören.

Essen

Wichtigstes Grundnahrungsmittel in Afghanistan ist nân (Brot). dabei handelt es sich um ein äußerst wohlschmeckendes Fladenbrot, das im Lehmofen (tanûr) gebacken wird. Es gibt regionale Spezialitäten.

Brot wird zu jeder Mahlzeit gereicht, normalerweise wird es in Stücke gerissen (dafür muss man dann auch die linke Hand benutzen), zu kleinen Schaufeln geformt und das Essen damit in den Mund geschoben.

In den Städten gibt es zahllose Imbisse – vom einfachen Grillstand bis zu teuren ausländischen Restaurants.

yak ßad o ße

Essen & Trinken

Die echte afghanische Variante eines Restaurants ist das tschâêchâna (Teehaus – manchmal auch kâfi oder hûtal genannt), das neben Tee einfache Gerichte (meistens Reis und kabâb oder gekochtes Hammelfleisch) und eine Schlafgelegenheit für Reisende bietet.

Vielleicht das beliebteste und bekannteste afghanische Gericht ist kabâb, kleine Fleischstücke, die aufgespießt und über offenem Feuer gegrillt werden. Eine beliebte und nicht ganz billige Beilage ist Reis, den es in zwei Varianten gibt: ohne weitere Zutaten gekocht (tschalau) oder mit weiteren Zutaten – meistens Hammelfleisch und Zwiebeln – in einem Topf gekocht (palau). Eine besonders aufwendige Variante des palau ist qâbelî palau, das mit gebratenen Mohrrübenstreifen und Rosinen angerichtet wird. Berühmt ist die afghanische Küche weiterhin noch für unzählige gulaschähnliche Fleischgerichte (qorma) sowie gefüllte Teigtaschen (mantû) oder frittiertes Gemüse, meistens Kartoffelscheiben (pakaura).

Einfach und schnell zubereitet, aber nahrhaft und daher sehr beliebt ist eine Suppe aus Hammelfleisch und Gemüse, schorba. Unmittelbar vor dem Essen wird das Fladenbrot nân in kleine Stücke gerissen und in die Suppe geworfen und diese dann mittels der Brotstücke ohne Löffel gegessen.

Afghanen verwenden gerne viel Öl beim Kochen, gerade zur Ehre hochstehender Gäste. Wenn man das nicht mag, muss man viel Überzeugungsarbeit leisten, der Satz links kann (muss aber nicht) helfen.

Ein bekannte Nachspise ist ferenî, ein Milchpudding mit Kardamom, Mandeln und Pistazien, eine weitere Süßspeise ist halwâ, es wird aus Zucker, Mehl, Öl, Kardamom, Pistazien und weiteren Zutaten nach Geschmack hergestellt. Eiskrem heißt ganz einfach âîßkrêm. Ein typisch afghanisches Dessert ist aber vor allem frisches Obst – je nach Saison.

Essen & Trinken

Zu jeder Tages- und Nachtzeit kann es zum Tee auch Knabberzeug geben, wie zum Beispiel noql (Mandeln mit weißem Zucker überzogen) oder nachûd (geröstete Kichererbsen).

🍴 **goreßna schod·am.**
hungrig (ich)wurde
Ich bin hungrig.

🍴 **mê·châh·am tschêzê be·chur·am.**
(ich)möchte etwas dass-(ich)esse
Ich möchte etwas essen.

🍴 **reßtûran / nânwâê kodschâ aßt?**
Restaurant / Bäckerei wo (es)ist
Wo gibt es ein Restaurant / eine Bäckerei?

🍴 **dar în ghezâ tsche aßt?**
in dieses Essen was (es)ist
Woraus besteht dieses Essen?

🍴 **lotfan roughan kam be·rêz·êd.**
bitte Öl wenig gießt
Bitte verwenden sie wenig Öl.

🍴 **qâschoq dâr·êd?**
Löffel (ihr)habt
Haben Sie einen Löffel?

🍴 **în kaßîf aßt.**
dies dreckig (es)ist
Das ist dreckig.

🍴 **lotfan ßûrat-e heßâb râ be·âwar·êd!**
bitte Liste-von Rechnung dir.-Obj. (ihr)holt!
Die Rechnung bitte!

🍴 **mê·châh·êm be·pardâz·êm.**
(wir)möchten dass-(wir)zahlen
Wir möchten zahlen.

🍴 **tschand schod?**
wieviel (es)wurde
Wieviel bekommen Sie?

yak ßad o pandsch

Essen & Trinken

ßabzêdschât	Gemüse
mêwa	Obst
gûscht	Fleisch
gûscht-e gûßfand	Hammelfleisch
gûscht-e barra	Lammfleisch
gûscht-e gâw	Rindfleisch
gûscht-e gûßâla	Kalbfleisch
morgh	Huhn
tochm	Hühnerei
mâhî	Fisch

mâßt	Joghurt
panêr	Käse
schîr	Milch
namak	Salz
mortsch	Pfeffer/ Pepperoni
na'na'	Minze
roghan	Öl
maßka	Butter
bûra	Zucker
qand	Würfelzucker
aßal	Honig
keschmesch	Rosine
bâdâm	Mandel
tût	Maulbeere
peßta	Pistazie
tschehâr maghz	Walnuss
chaßta	Aprikosenkerne
ßêb	Apfel
nâk	Birne
charbûza	Honigmelone
tarbûz	Wassermelone
âlû	Pflaume

Essen & Trinken

zard âlû	Aprikose
schaft âlû	Pfirsich
gêlâß	Kirsche
angûr	Weintraube
anâr	Granatapfel
andschêr	Feige
chormâ	Dattel
behî	Quitte
bâdemdschân-e ßiyâh	Auberginen
bâdemdschân-e rûmî	Tomaten
piyâz	Zwiebeln
ßir	Knoblauch
berendsch	Reis
katschâlû	Kartoffel
karam	Kohl
kadû	Kürbis
zardak	Mohrrübe
lubyâ	Bohne
nachûd	Erbsen; Kichererbsen
dâl	Linsen
bâmya	Okraschoten

schîrîn	süß
torsch	sauer
tond	scharf
talch	bitter
schûr	salzig
choschmaza	lecker
dâgh	heiß
ßard	kalt
pochta	gekocht
ßorch schoda	gebraten
briyân schoda	gegrillt

Essen & Trinken

Die Hauptmahlzeit in Afghanistan ist in der Regel abends. Das Frühstück (tschâê-ye ßobh, wörtl. Morgentee) besteht oft auch aus nicht mehr als Tee und ein paar Bissen Brot.

Das Mittagessen (nân-e tschâscht) und das Abendessen (nân-e schab oder nân-e schâm) können dagegen aus warmen Speisen bestehen, wobei insbesondere für die Zubereitung des Abendessens nach Erledigung der sonstigen Haushaltspflichten viel mehr Zeit zur Verfügung steht.

Trinken

Selbst bei einer kurzen geschäftlichen Besprechung oder einem Verkaufsgespräch werden Sie in Afghanistan Tee angeboten bekommen. Ihn auszuschlagen, oder falls man selber einmal einen Afghanen einlädt, diesem keinen Tee anzubieten, ist unhöflich.

In Afghanistan wird viel Tee (tschâê) getrunken und ausgeschenkt. Getrunken wird sowohl grüner (tschâê-ye ßabz) als auch schwarzer Tee (tschâê-ye ßiyâh); üblicherweise mit viel Zucker (schakar), manchmal auch mit Kardamom (hêl) gewürzt. Das normale Getränk in Afghanistan ist Wasser (âb) – nicht immer abgekocht. Eine afghanische Spezialität ist dûgh – Joghurt, mit Wasser verdünnt und manchmal mit Minze und Gurkenstücken verfeinert.

◈ **taschna schod·am.**
durstig (ich)wurde
ich habe Durst.

◈ **nûschêdanî dâr·êd?**
Getränke (ihr)habt
Haben Sie Getränke?

◈ **lotfan yak bûtal-e âb-e ma'danî.**
bitte eins Flasche-von Wasser-von Mineral
Bitte eine Flasche Mineralwasser.

Essen & Trinken

Bitte vergessen Sie nie, dass das Trinken von Alkohol in Afghanistan verboten ist. Auch wenn sich einige Afghanen heimlich über dieses Verbot hinwegsetzen, ist die Vorstellung, Alkohol zu trinken, für viele andere anstößig und skandalös.

Stadtzentrum von Kabul

🔊 **tschâê têz (kam rang) mê·chûr·êd?**
Tee stark (wenig Farbe) (ihr)trinkt
Trinken Sie ihren Tee stark (schwach)?

🔊 **bûra dârêd?**
Zucker (ihr)habt
Haben Sie Zucker?

Kaufen und Handeln

Kaufen und Handeln

Mit einem Smartphone können Sie sich die mit einem 🎧 gekennzeichneten Sätze dieses Kapitels anhören.

In Afghanistan gibt es – außer für Grundnahrungsmittel – keine festen Preise. Grundsätzlich ist darum Handeln angesagt. Dafür braucht man vor allem Zeit und Geduld. Für größere Anschaffungen muss man ohnehin mehrere Tassen Tee trinken und mit dem Verkäufer plaudern, bevor man auf sein eigentliches Anliegen zu sprechen kommt. Ausländer gelten (nicht zu Unrecht für afghanische Verhältnisse) als unvorstellbar reich, darum wird ihnen grundsätzlich ein höherer Preis genannt. Wenn Sie sich übervorteilt vorkommen, brechen Sie den Kauf ab, notfalls ziehen Sie einen Afghanen (ruhig eine Zufallsbekanntschaft von der Straße) zur Hilfe. Richten Sie sich in „normalen" Läden nach den Preisen, die Afghanen bezahlen.

Markt	**bâzâr**
Laden	**dokkân**
Bäckerei	**nânwâ'ê**
Fleischer	**qaßâbê**
Apotheke	**dawâchâna**
Schneider	**chayât**
Friseur	**ßalmânê**

Brot	**nân**
Reis	**berendsch**
Fleisch	**gûscht**

Kaufen und Handeln

Milch	**schîr**
Käse	**panêr**
Butter	**maßka**
Eier	**tochm**
Fisch	**mâhê**
Joghurt	**mâßt**
Quark	**tschaka**
Süßigkeit	**schêrênê**
Gemüse	**ßabzêdschât**
Obst	**mêwa**

Buch	**ketâb**
Wörterbuch	**dektschenârî**
Reiseführer	**râhnemâ**
Zeitung	**achbâr**
Zeitschrift	**modschalla**
Teekanne	**tschâênak**
Topf	**dêg**
Teppich	**farsch, qâlên**
Stofftuch	**teka**
Burka	**tschâdarê**
Pakul-Mütze	**pakol**
Schmuck	**zêwarât**
Stein	**ßang**
Rubin	**lâl**

groß	**kalân**
größer	**kalântar**
klein	**chûrd**
kleiner	**chûrdtar**
mehr	**bîschtar**
weniger	**kamtar**

Kaufen und Handeln

Die Mengenangaben stimmen mit unserem System überein, es gibt also grâm und kêlûgrâm (kêlû).

ba ... zorûrat dâr·am.
nach ... Notwendigkeit (ich)habe
Ich brauche ... .

... râ kâr dâr·am.
... dir.-Obj. Arbeit (ich)habe
Ich brauche ... .

do dâna / yak kêlû az ân ba man be·deh·êd.
zwei Stück / ein Kilo von jenes zu ich (ihr)gebt!
Geben Sie mir zwei Stück / ein Kilo davon.

baß aßt?
genug (es)ist
Ist das genug?

baß aßt.
genug (es)ist
Das ist genug.

ziyâd aßt.
viel (es)ist
Das ist zu viel.

kam aßt.
wenig (es)ist
Das ist zu wenig.

zêyâdtar az ân be·deh·êd.
mehr von das (ihr)gebt!
Geben Sie mir mehr davon.

qêmat-e ân tscheqadr aßt?
Preis-von das wie-viel (es)ist
Wie viel kostet das?

beßyâr qêmat aßt.
sehr Preis (es)ist
Das ist sehr teuer.

yak ßad o dwâzda

Kaufen und Handeln

🔊 **qêmat-esch tschand aßt?** 🔊 **dscham'an tschand mê·schaw·ad?**
Preis-sein wieviel (er)ist *zusammen wieviel (es)wird*
Wie viel kostet es? Wie viel kostet es zusammen?

🔊 **tschêzê arzântar na-dâr·êd?**
etwas billiger nicht-(ihr)habt
Haben Sie nichts Billigeres?

🔊 **în qêmat-e âcher-e schomâ aßt?**
dies Preis-von lezter-von ihr (er)ist
Ist das Ihr letzter Preis?

🔊 **do / ße dâna mê·char·am, schomâ bâyad tachfîf be·deh·êd.**
zwei / drei Stück (ich)kaufe ihr (es)muss Rabatt dass-(ihr)gebt
Ich kaufe zwei / drei Stück, also müssen Sie auch Rabatt geben.

🔊 **pindschâh afghânî ân râ mê·char·am.**
fünfzig Afghani es dir.-Obj. (ich)kaufe
Ich nehme es für fünfzig Afghani.

🔊 **khob, ân râ mê·char·am.**
gut es dir.-Obj. (ich)kaufe
Okay, ich nehme es.

🔊 **mê·tawân·am bâ dâlar / yûrû be·pardâz·am?**
(ich)kann mit Dollar / Euro dass-(ich)bezahle
Kann ich mit Dollar / Euro bezahlen?

🔊 **bâ dâlar tschand mê·schaw·ad?**
mit Dollar wieviel (es)wird
Wie viel kostet es in Dollar?

yak ßad o ßêzda

Kaufen und Handeln

Marktstände in der Neustadt, Feyzabad

Es kann einem auch passieren, dass ein Verkäufer zunächst kein Geld annehmen will, entweder, weil er von dem ausländischen „Gast" wirklich keines will, oder nur aus Höflichkeit. Es empfiehlt sich, zunächst zwei bis dreimal liebenswert darum zu bitten, bezahlen zu dürfen, dann merkt man, ob das Angebot ernst gemeint war.

barâ-ye schomâ bachschesch aßt.
für-von Ihr Geschenk (es)ist
Es ist ein Geschenk für Sie.

pûl na-mê·châh·am.
Geld nicht-(ich)möchte
Ich will kein Geld.

âqâ, châhesch mê·kon·am.
Herr bitte (ich)mache
Ich bitte Sie.
[z.B. darum, das Geld anzunehmen]

Fotografieren

Wenn man Personen fotografieren möchte, sollte man den Betreffenden immer um Erlaubnis fragen. Viele Afghanen, vor allem Kinder, werden sich aber darüber freuen.

Bei Fotos von Landschaften ist es ratsam, darauf zu achten, dass man keine Militäreinrichtungen auf dem Foto hat, auch nicht versehentlich. Als Militäranlagen können in manchen Gebieten auch Brücken oder Straßen gelten. Auch die ausländischen Streitkräfte im Land (ISAF und Operation Enduring Freedom) mögen es natürlich nicht, ohne Erlaubnis fotografiert zu werden.

Frauen, selbst wenn sie mit der Burqa vollständig verschleiert sind, sollte man weder fotografieren noch danach fragen!

ȇdschâza aßt az schomâ akß be·gêr·am?
Erlaubnis ist von Ihr Foto dass-(ich)nehme
Darf ich von Ihnen ein Foto machen?

akâßchâna kodschâ aßt?
Fotogeschäft wo (es)ist
Wo gibt es ein Fotogeschäft?

mê·châham akß tschâp kon·am.
(ich)möchte Foto Druck dass-(ich)mache
Ich möchte Fotos drucken.

lotfan az man / mâ aks be·gêr·êd.
bitte von ich / wir Foto nehmt
Bitte machen sie ein Foto von mir / uns.

Telefon, Post, Bank & Internet

Telefon, Post, Bank & Internet

Mittlerweile gibt es so gute Handynetze, dass man faktisch nur noch diese benutzen wird. Das Personal in den Handyverkaufstellen spricht Englisch.

Telefonieren kann man mittlerweile landesweit, sogar in den meisten Dörfern, mit Mobiltelefonen (mûbâîl). Es gibt vier Anbieter, die oft gleich gute Abdeckung haben, vor allem in den Städten. In einigen ländlichen Gebieten hat man aber mit einem Anbieter besseren Empfang — da muss man einfach die lokale Bevölkerung fragen.

Telefonieren

mê·châh·am ßîmkârt / tschârdsch be·char·am.
(ich)möchte SIM-Karte / Guthaben dass-(ich)kaufe
Ich möchte eine SIM-Karte / Guthaben kaufen.

îndschâ mûbâîl ânten mê·deh·ad?
hier Handy Antenne (es)gibt
Gibt es hier Handy-Empfang?

îndschâ kodâm mûbâîl khûb ânten mê·deh·ad?
hier welches Handy gut Antenne gibt
Welches Netz hat hier guten Empfang?

🕭 **ßekka barâ·ye ghorfa·ye têlêfûn dâr·êd?**
Münze für-von Zimmer-von Telefon (ihr)habt
Haben Sie Münzen für die Telefonzelle?

🕭 **mê·châh·am têlêfûn kon·am.**
(ich)möchte Telefon dass-(ich)mache
Ich möchte telefonieren.

Telefon, Post, Bank & Internet

🔊 **mê·châh·am ba châredsch (âlmân) têlêfûn kon·am.**
(ich)möchte zu Ausland (Deutschland) Telefon dass-(ich)mache
Ich möchte ins Ausland (Deutschland) telefonieren.

telefûn maschghûl aßt.	**kaßê dschawâb na-mê-deh·ad.**
Telephon besetzt (es)ist	*jemand Antwort nicht-(er)gibt*
Die Nummer ist besetzt.	Es geht niemand ans Telefon.

🔊 **mê·châh·am mûbâil (kârte mûbâil) be·char·am.**
(ich)möchte Handy (Karte Handy) dass-(ich)kaufe
Ich möchte ein Handy (eine Karte fürs Handy) kaufen.

🔊 **îndschâ schabak-ye mûbâil aßt?**	🔊 **man ... haßt·am.**
hier Netz-von Handy ist	*ich ... bin*
Gibt es hier Handy-Netzanbindung?	Hier spricht ...

Am Telefon meldet man sich mit bale (ja), âlû (Hallo), oder etwas förmlicher mit ßalâm alaykum. Anders als in Deutschland meldet sich also nicht der Angerufene mit Namen, sondern der Anrufer stellt sich vor – und fragt gegebenefalls nach, ob er den gewünschten Gesprächspartner am Hörer hat.

🔊 **mê·châh·am bâ âqâ-ye Mohammad gap be·zan·am.**
(ich)möchte mit Herr Mohammad Wort dass-(ich)schlage
ich möchte mit Herrn Mohammad sprechen.

Post

🔊 **mê·châh·am yak chatt ba âlmân (otrêsch) be·frest·am.**
(ich)möchte eins Brief zu Deutschland (Österreich) dass-(ich)schicke
Ich möchte einen Brief nach Deutschland (Österreich) schicken.

Telefon, Post, Bank & Internet

chatt	Brief
poßtkârt	Postkarte
pâkat	Paket
tekket-e poßtî	Briefmarke
poßt-e hawâ'ê	Luftpost
poßt-e zamênê	normale Post

Internet

Mittlerweile haben in den größeren Städten einige Internet-Cafés (înternet kâfi) eröffnet. Das Personal dort spricht durchgängig englisch. Man hat auch in vielen großen Hotels und Gästehäusern die Möglichkeit, ins Internet zu gehen.

> înternet kâfi kodschâ peydâ mê·schaw·ad?
> *Internet Cafe wo gefunden (es)wird*
> Wo gibt es ein Internet-Café?

Bank & Geld

Mittlerweile gibt es in allen Provinzzentren Banken. Dort spricht man auch Englisch.

Schecks werden insgesamt eher misstrauisch beäugt, Bargeld ist auf jeden Fall vorzuziehen. Zum Geldwechseln muss man keine Bank aufsuchen, es gibt auch private Geldwechsler (in Kabul zum Beispiel in der ßarra-ye schâhzâda, aber selbst in kleineren Ortschaften auf dem Land), bei denen man günstig und grundsätzlich zuverlässig sein Geld umtauschen kann. Dollar und zunehmend auch Euro werden zwar auch oft akzeptiert, aber viele kleine Händler kennen den aktuellen Wechselkurs nicht und bevorzugen die Landeswährung afghânî.

mê·châh·am pûl tscheyndsch kon·am.
(ich)möchte Geld Wechsel dass-(ich)mache
Ich möchte Geld wechseln.

yûrû (dâlar) tschand aßt?
Euro (Dollar) wieviel ist
Wie viele Afghani bekomme ich für einen Euro (Dollar)?

Behörden

Für den Umgang mit Behörden in Afghanistan sollte man als Mitteleuropäer zwei Dinge beachten. Zum einen gilt man nicht als mündiger Staatsbürger, der ganz genau festgelegte Rechte hat, sondern als Bittsteller, der vom mächtigen Vertreter der Staatsgewalt (auch wenn es sich dabei nur um einen untergeordneten Chargen handelt) einen Dienst erbittet. Zum anderen ist man aber ein Gast, und dieser wird gut behandelt – nicht weil es sein einklagbares Recht ist, sondern weil die Landessitten es so verlangen.

Behörden

Man kann davon ausgehen, dass man als Landesfremder zuvorkommend behandelt wird, zumal in Gegenden, in denen Ausländer eher selten zu finden sind. Man kann aber nicht unbedingt davon ausgehen, dass ein Anliegen schnell, unbürokratisch und kompetent ausgeführt wird. Geduld und Freundlichkeit helfen hier aber weiter als sich auf seine vermeintlichen Rechte zu berufen – wenn man sich verschaukelt vorkommt, sollte man liebenswert darauf hinweisen, dass man als Gast eine andere Behandlung erwarten würde.

Administrativ ist Afghanistan aufgeteilt in Provinzen (velâyât) und diese wiederum in Bezirke (woloßwâlî). Für Recht und Ordnung sorgen die Polizei (pûlêß oder pûlêß-e amnia) sowie die unabhängig davon agierende Fernstraßenpolizei (pûlêß-e schâhrâh) und in den Grenzgebieten die Grenzpolizei (pûlêß-e ßar haddî).

Der normalen Polizei angegliedert sind die Kriminalpolizei (pûlêß-e dschenâ'ê) und die Verkehrspolizei (pûlêß-e tarâfêk). Übeltäter müssen laut Gesetz nach acht Stunden von der Polizei an die Staatsanwaltschaft (ßâranwâlî) und nach 48 Stunden von dieser an das Gericht (mahkama) überstellt werden.

Polizeihauptquartier (qomandânî-ye amnia oder einfach pûlêß), Staatsanwaltschaft und Gericht finden sich in den Bezirkshauptstädten, meistens in der Nähe der Bezirksverwaltung (woloßwâlî). In Notfällen kann man sich auch an diese offiziellen Stellen wenden und um eine Unterkunft bitten.

Behörden

🗨 **pûlêß (woloßwâlî) kodschâ aßt?**
Polizei (Bezirksverwaltung) wo ist
Wo befindet sich die Polizei (Bezirksverwaltung)?

🗨 **bâyad vîzâ-yam (edschâza-ye eqâmat-am) râ tamdîd kon·am.**
(es)muss Visum-meins (Aufenthaltserlaubnis-meine) dir.-Obj. Verlängerung dass-(ich)mache
Ich muss mein Visum (meine Aufenthaltserlaubnis) verlängern.

🗨 **lotfan ba man komak kon·êd wa forma râ barâ-ye man por kon·êd.**
bitte zu ich Hilfe (ihr)macht und Formular dir.-Obj. für-von ich voll (ihr)macht
Bitte helfen Sie mir und füllen Sie für mich das Formular aus.

🗨 **mê·châh·am tschehâr hafta ezâfa be·mân·am.**
(ich)möchte vier Woche zusätzlich dass-(ich)bleibe
Ich möchte vier Wochen länger bleiben.

nâm / eßm	Name
nâm-e padar	Name des Vaters
ßâl-e tawalod	Geburtsjahr
mahal-e tawalod	Geburtsort
târîch	Datum
emzâ	Unterschrift
mohr	Stempel

kaßê tschêzhâ-ye man râ dozdîd.
jemand Sachen-von ich dir.-Obj. (er)stahl
Jemand hat meine Sachen gestohlen.

yak ßad o bêßt o yak

Behörden

Stadtzentrum, Feyzabad

🗨 **pâyßa-am râ dozdîd·and.**
Geld-meins dir.-Obj. (sie)stahlen
Man hat mir mein Geld gestohlen.

Man sollte bei komplizierteren Anliegen immer versuchen, auf einen fremdsprachkundigen Einheimischen zurückzugreifen und sich bei ernsten Angelegenheiten mit der jeweiligen Botschaft in Verbindung setzen.

🗨 **pâßpûrt-am râ gom kard·am.**
Pass-mein dir.-Obj. verloren (ich)machte
Ich habe meinen Pass verloren.

🗨 **yak tardschomân me·châh·am.**
eins Übersetzer will (ich)habe
Ich brauche einen Übersetzer.

🗨 **indschâ kaßê nêßt ke anglîßî gap be·zan·ad?**
hier jemand nicht-(er)ist der englisch Wort dass-(er)schlägt
Ist hier niemand, der Englisch spricht?

🗨 **mê·châh·am bâ yak mashûl-e ßefârat-e âlmân ßohbat kon·am.**
(ich)möchte mit ein Zuständiger-von Botschaft-von Deutschland Gespräch dass-(ich)mache
Ich möchte mit einem Zuständigen der deutschen Botschaft sprechen.

yak ßad o bêßt o dû

Sicherheit, Minen, Militär, Wiederaufbau

Sicherheit, Minen, Militär, Wiederaufbau

Minen und Blindgänger sind in Afghanistan ein lebensgefährliches Problem. Grundsätzlich gilt: verlassen Sie niemals befestigte Wege. Ehemalige Militärstellungen oder besonders umkämpftes Gelände (dazu zählen auch Teile der großen Städte wie etwa Kabul, Kandahar oder Herat) sind besondere Gefahrenquellen. Bekannte Minenfelder sind oft gekennzeichnet, zum Beispiel durch rot-weiße Farbmarkierungen (die z.B. auf den Straßenrand gesprüht sind) oder durch kleine Steinhaufen, manchmal auch durch Schilder mit einem Totenkopf oder der Aufschrift: مين mayn (Mine).

Dorf in Nordwest-Badakhshan

drêsch!
halt
Bleiben Sie stehen!

êßtâda bâsch·êd!
stehend (ihr)seid
Bleiben Sie stehen!

ehtyât kon·êd, pêsch na·raw·êd!
Vorsicht macht vor nicht-(ihr)geht
Vorsicht, gehen Sie nicht weiter!

êndschâ main aßt?
hier Mine ist
Gibt es hier Minen?

Sicherheit, Minen, Militär, Wiederaufbau

ên mantaqa / dschâda / pol motmaen / chatarnâk) aßt?
dieses Gebiet/Straße/Brücke sicher/gefährlich (es)ist
Ist dieses Gebiet / Straße / Brücke sicher / gefährlich?

motawadsche-ye ... bâsch·êd!
aufmerksam-von ... seid
Passen Sie auf ... auf!

Minen	mayn
Taliban	tâlebân
Terroristen	terrûrêßthâ
Aufständische	schûraschyân
Entführer	gerûgângîrân
Drogen-schmuggler	qâtschâqbarân-e mawâd-e mochadder
Militär-operationen	amaliât-e nezâmê
Demonstration	mozâhera/ tazâhorât
Unruhen	nâ'ârâmêhâ
Straßensperre	tschekpoint
Kontrollpunkt	talâschî
Milizen	malêschahâ

Militär

mâ marbût-e qowâ-ye hefz-e ßolh-e beinolmelallê haßt·êm.
wir verbunden-von Kräfte-von Schutz-von Frieden-von internationale (wir)sind
Wir gehören zu den internationalen Friedenssicherungstruppen.

Sicherheit, Minen, Militär, Wiederaufbau

mâ marbût-e qowâ-ye RSM haßt·êm
wir zugehörig-von Kräfte-von RSM (wir)sind
Wir gehören zu den RSM-Kräften.

barâ-ye amniat wa bâzßâzî kâr mê·kon·êm
für-von Sicherheit und Wiederaufbau Arbeit (wir)machen
Wir arbeiten für Sicherheit und Wiederaufbau.

wazêfa-ye schomâ tsche aßt?
Aufgabe-von Ihr was (es)ist
Was ist ihr Auftrag?

qomândân-e schomâ kê / kodschâ aßt?
Kommandant-von ihr wer / wo (er)ist?
Wer (Wo) ist ihr Befehlshaber?

ertebât-e bêßêm bâ ... dâr·êd?
Beziehung-von drahtlos mit ... (ihr)habt
Haben Sie Funkverbindung mit ... ?

ma'âsch-e schomâ ßar-e waqt mê·reß·ad?
Lohn-von ihr auf-von Zeit (er)kommt-an
Erhalten Sie pünktlich ihren Lohn?

schomâ kei tabdêl mê·schaw·êd?
ihr wann Wechsel (ihr)werdet
Wann kommt Ihre Ablösung?

schomâ tschê kâr dâr·êd?
ihr was Bedarf (ihr)habt
Was benötigen Sie?

schomâ az în mantaqa haßt·êd?
ihr aus diese Gegend (ihr)seid
Sind Sie aus der Gegend?

yak ßad o bêßt o pandsch | 125

Sicherheit, Minen, Militär, Wiederaufbau

Diese Dienstgrade gelten für die neue Afghanische Nationalarmee, die Polizei und den Geheimdienst. Grundsätzlich werden sie auch in den Milizen verwendet, nur dass dort z. T. inflationär von Offiziersdienstgraden Gebrauch gemacht wird.

Afghanische Nationalarmee (im Aufbau)	ordû-ye mellî
Bewaffnete illegale Gruppen	grûhâ-ye moßallah-e gheir-e maß'ûl
Polizei	pûlêß
Kriminalpolizei	pûlêß-e dschenâ'ê
Verkehrspolizei	pûlêß-e tarâfêk
Fernstraßenpolizei	pûlêß-e schâhrâh
Grenzpolizei	pûlêß-e ßar haddê
Nachrichtendienst	reyâßat-e amniat-e mellî/ amniat
Zoll	gomrok

Unteroffiziers- und Feldwebeldienstgrade (chûrd zâbet) haben in Afghanistan nicht viel zu sagen.

Unterleutnant	dreiyem brêdman
Leutnant	dowahom brêdman
Oberleutnant	lomley brêdman
Hauptmann	tûrân
Stabshauptmann	dschektûrân
Major	dschagrân
Oberstleutnant	dagerman
Oberst	dagerwâl
General	dschenrâl

Sicherheit, Minen, Militär, Wiederaufbau

Gruppe	delgey
Zug	blûk
Kompanie	tûley
Bataillon	kandak
Regiment	ghond
Brigade	lêwâ
Division	firqa
Korps	kol urdû

Stellung	mauzê
Stützpunkt	qarârgâh
Schützengraben	ßangar
Bunker	ßmûtsch
Hinterhalt	kamêngâh
Angriff/ Handstreich	hamla
IED-Angriff	main gozârî
Patrouille	gazma
Sicherung	amniat
Wache	payra/ gârd

Gewehr	tofang
Pistole	tofangtscha
Maschinengewehr	moßalßal/ mâschêndâr
RPG-7	ar pê dschê haft/ ar pê dschê
Kalaschnikov AK 47	kalâschênkûf
Kalaschnikov AK 74	kalâkûf
Mörser	hâwân; champâra andâz
Artilleriegeschütz	tûp
Leichtgeschütz	tûp-e bê paßlaghat

Sicherheit, Minen, Militär, Wiederaufbau

Munition	**mohemmât**
Patrone	**marmî**
Sprengstoff	**mawâd-e monfadschera**
Granate	**bamb**
Granatsplitter	**tscharra**
Handgranate	**bamb-e daßtê; nârendschak**
Mine	**mayn**

Funkgerät	**bêßêm; mochâbera**
Antenne	**ântan**
Frequenz	**fêrekwenß**
Strom	**barq**
Auto	**mûtar**
LKW	**lârê**

drêsch!
halt
Bleiben Sie stehen!

drêsch yâ feyr mê·kon·am!
halt oder Feuer (ich)mache
Stehen bleiben oder ich schieße!

lotfan ßabr kon·êd, pêsch na-raw·êd.
bitte Geduld macht vor nicht-(ihr)geht
Bitte warten Sie, bleiben Sie stehen.

lotfan mâschên râ châmûsch kon·êd.
bitte Motor dir.-Obj. aus macht
Bitte stellen Sie den Motor aus.

Sicherheit, Minen, Militär, Wiederaufbau

dasthâ-yetân râ bâlâ kon·êd!
Hände-eure dir.-Obj. hoch macht
Nehmen Sie die Hände hoch!

ßalâh dâr·êd?
Waffe (ihr)habt
Haben Sie eine Waffe?

marmî râ bîrûn kon·êd.
Patrone dir.-Obj. draußen macht
Entladen Sie die Waffe.

ßalâh râ qayd kon·êd.
Waffe dir.-Obj. sicher macht
Sichern Sie die Waffe.

ßalâh-etân râ rû-ye zamên be·gozâr·êd.
Waffe-eure auf-von Boden legt!
Legen Sie ihre Waffe auf den Boden.

Märtytrergräber, Kabul

bâ êdschâza-ye schomâ, bâyad schomâ râ talâschê kon·êm.
mit Erlaubnis-von Ihr (es)muss Ihr dir.-Obj. Durchsuchung dass-(wir)machen
Verzeihung, wir müssen Sie durchsuchen.

kârt-e schenâßâ'ê (tazkera) dârêd?
Karte-von Erkennung (Personalausweis) (ihr)habt
Haben Sie eine Ausweiskarte (Personalausweis)?

lotfan kârt-etân râ wâze' ba lebâß be·tschaßpân·êd.
bitte Karte-eure dir.-Obj. offen an Kleidung klebt!
Bitte befestigen Sie die Karte sichtbar an der Kleidung.

yak ßad o bêßt o nû **129**

Sicherheit, Minen, Militär, Wiederaufbau

tschê hâdeßa-ê roch dâda aßt?
was Ereignis-eines gegeben ist
Was ist passiert?

kaßê zachmê (koschta) schoda aßt?
jemand verwundet (getötet) worden ist
Wurde jemand verwundet (getötet)?

Wiederaufbau

ßêßtêm-e âbraßânê charâb aßt (kâr mê·kon·ad).
*System-von Bewässerung zerstört ist
(Arbeit (er)macht)*
Das Bewässerungssystem ist zerstört
(funktioniert).

barq dâr·êd?
Strom (ihr)habt
Haben Sie elektrischen Strom?

**bâyad dschâda (pol/ kânâle âbêyârê)
râ dschûr kard.**
*(es)muss Straße (Brücke/ Bewässerungskanal)
best.-Akk. Bau mach*
Die Straße (Brücke/ Bewässerungskanal)
muss repariert werden.

**mê·châh·êm maktab (maktab-e dochtarân/
schaffâchâna) dschûr kon·êm.**
*(wir)wollen Schule (Schule-von Mädchen/
Krankenhaus) Bau dass-(wir)machen*
Wir wollen eine Schule (Mädchenschule/
Krankenhaus) bauen.

Sicherheit, Minen, Militär, Wiederaufbau

âb-e nûschêdanê dâr-êd?
Wasser-von trinkbar (ihr)habt
Haben Sie Trinkwasser?

bâyad tschâh be·kan·êm.
(es)muss Brunnen dass-(wir)graben
Wir müssen einen Brunnen bohren.

rêg/ ßangtschel	Schotter
ßang	Steine
konkrêt	Beton
qîr	Asphalt
tschûb	Holz
gel	Lehm
âhan	Metall
pamp-e âb	Wasserpumpe
paip / lain-e âb	Schlauch
lain-e barq	Stromleitung
tschâh	Brunnen
kânâle âbêyârê	Bewässerungskanal
dschâda / ßarak	Straße
pol	Brücke
dîwâr	Wand / Mauer
bâm	Dach
zamên	Boden
maktab	Schule
maktab-e ebtedâ'î	Grundschule
motawaßeta	Mittelschule
lißa	Oberschule
maktab-e dochtarân	Mädchenschule
maktab-e naßwân	Mädchenschule
kelînîk	Klinik
schaffâchâna	Krankenhaus

Ins Gespräch kommen

Ins Gespräch kommen

Afghanen, besonders auf dem Land, haben seit Jahrhunderten in der Regel schlechte Erfahrungen mit Vertretern der Zentralmacht gemacht. Ortsfremde, zumal Ausländer, auch wenn sie mit gutem Willen ankommen und wohlklingende Versprechungen machen, sind daher grundsätzlich verdächtig. Die ausgesuchte Höflichkeit, mit der Sie behandelt werden, dient oft dazu, Sie von der Außenwelt abzuschotten und Ihnen möglichst wenig konkrete Informationen zukommen zu lassen. Schließlich ist Wissen Macht und niemand weiß, wozu die Informationen nicht alles genutzt werden können, zum Beispiel um Steuern zu erheben oder zum Einziehen von Soldaten. Auch die wahren Machtverhältnisse vor Ort werden ungern Fremden mitgeteilt. Dazu gehört, dass wenn Unbekannte die Dorfältesten sprechen wollen, diese oft nicht anzutreffen sind. Diese verantwortlichen Personen in einer kleinen Ortschaft werden arbâb, malek, kalântar oder wakêl-e gozar genannt. Man kann auch nach einem rêsch ßafêd (Weißbart) fragen.

In einigen Gegenden ist allerdings die traditionelle Sozialstruktur zerstört und der örtliche qomandân (Kommandant) ist die einzige Autorität.

Ins Gespräch kommen

Im gesamten Orient ist es unüblich, „sofort zur Sache zu kommen". Auch wenn man ganz ehrlich nur das Beste will, muss man Geduld üben, viel Tee trinken und über ganz harmlose und zunächst unwichtige Sachen plaudern.

Das dient den Afghanen dazu, ihr Gegenüber einzuschätzen und vor allem Gemeinsamkeiten, insbesondere gemeinsame Bekannte festzustellen. Vertrauen wird in Afghanistan weniger über Institutionen, Ideologien oder angebliche Ziele und Aufträge, sondern ganz stark über Personen definiert. Die einfachste Methode, Vertrauen aufzubauen, ist daher über gemeinsame Bekannte zu verfügen. Wenn man also will, dass eine Person, die man nicht kennt, einem vertraut oder sogar Informationen gibt (ganz gleich wie unwichtig diese einem vorkommen), ist es geschickter, zunächst jemanden zu finden, der einem dieser Person empfehlen oder sogar persönlich vorstellen kann.

Eine Person, die sowohl mit den Verhältnissen vor Ort vertraut ist, in der Regel allgemein respektiert und leicht zu finden ist, ist übrigens der *emâm,* der Vorbeter der Moschee, falls eine vorhanden ist.

Afghanen fragen Ausländer gerne, ob es in ihrem Land Muslime bzw. Afghanen gibt, und wie diese dort behandelt werden. Auch dadurch wollen sie sich ein Bild machen, wie sie ihr Gegenüber einzuschätzen haben.

Ins Gespräch kommen

Deutsche haben hier den Vorteil, dass die historisch freundschaftlichen Beziehungen zwischen Deutschland und Afghanistan in der Erinnerung der Bevölkerung noch viel herzlicher weiterleben als sie es ohnehin schon waren.

Außerdem bezeichnen sich die afghanischen Stämme in ihrer Gesamtheit mit dem uralten Namen aryâ'ê (Arier), und viele haben gehört, dass die Deutschen auch Arier sind. Man mag persönlich dazu stehen wie man will, aber ein durchschnittlicher Afghane verbindet mit dem Wort Arier keine Rassenideologie und erst recht keine Rechtfertigung des Holocausts (wenn er überhaupt schon mal davon gehört hat). Darum empfiehlt es sich, falls man auf die gemeinsame Herkunft als Arier angesprochen wird, nicht zu einem langen Vortrag über die Schandtaten der Nationalsozialisten anzusetzen, sondern diese Gemeinsamkeit der beiden Völker erfreut zu bestätigen.

Eine genauere Kenntnis der jüngeren afghanischen Geschichte und ihrer Helden schließlich kann einem Ausländer zwar Respekt und Sympathie einbringen, dabei ist aber natürlich zu beachten, dass die Helden von Ort zu Ort variieren und jeder afghanische Held von anderen Gruppen als Verbrecher angesehen wird. Daher sollte man sich, wenn das Gespräch auf Politik kommt, vorsichtig vortasten und als Ausländer nicht zu gewagten Behauptungen hinreißen lassen.

Ins Gespräch kommen

Fast durchgängig unbeliebt bis verhasst sind die USA – spannenderweise sogar bei den Gruppen, die am meisten von ihnen profitiert haben: wegen ihrer undurchsichtigen Rolle im Krieg gegen die Sowjets und im folgenden Bürgerkrieg, den Bombardierungen seit 2001, dem Lager auf Guantanamo und insbesondere dem Auftreten der amerikanischen Soldaten vor Ort. Ein wenig zur Schau gestellte kritische Distanz kann enorme Sympathie aufbauen.

🔊 **mê·châh·am ba ... ßafar kon·am, kaßê râ az ândschâ mê·schnâß·êd?**
(ich) möchte zu... Reise dass-(ich) mache jemand dir.-Obj. von dort (ihr) kennt
Ich möchte nach ... reisen, kennen Sie jemanden von dort?

🔊 **maßdsched kodschâ aßt?**
Moschee wo (er) ist
Wo ist die Moschee?

🔊 **mê·châh·êm bâ wakêl-e gozâr-e qarya-yetân gap be·zan·êm.**
(wir) möchten mit Dorfverantwortlichem-von Ortschaft-eure Wort dass-(wir) schlagen
Wir möchten mit einem Verantwortlichen Ihrer Ortschaft sprechen.

🔊 **dar âlmân / otrêsch / ßwêß afghânhâ / moßolmânân aßt?**
in Deutschland / Österreich / Schweiz Afghanen / Muslime (er) ist
Gibt es in Deutschland / Österreich / der Schweiz Afghanen / Muslime?

🔊 **beßyâr afghânhâ dar âlmân zendegê mê·kon·and.**
viele Afghanen in Deutschland Leben (sie) machen
In Deutschland leben viele Afghanen.

yak ßad o ßê o pandsch · 135

Ins Gespräch kommen

âlmân wa afghâneßtân hamêscha dûßt bûd·and.
Deutschland und Afghanistan immer Freund (sie)waren
Deutschland und Afghanistan waren immer gute Freunde.

bâ ham doschman-e rûß wa englîß bûd·and.
zusammen Feind-von Russland und England (sie)waren
Sie waren gemeinsame Feinde von Russland und England.

aßl-e moschtarak dâr·êm: har dû aryâ'ê haßt·êm.
Ursprung-von gemeinsam (wir)haben alle zwei Arier (wir)sind
Wir haben einen gemeinsamen Ursprung: wir sind beide Arier.

amrêkâ'ê-hâ mardom-e badê nêßt-and walê damâghi haßt·and.
Amerikaner Leute-von schlecht nicht-(sie)sind aber nasig (sie)sind
Die Amerikaner sind keine schlechten Leute, aber sie sind hochnäsig.

êndschâ tschand nafar zendegê mê·kon·and?
hier wie-viel Person Leben (sie)machen?
Wie viele Menschen leben hier?

amniat-e mantaqa (qarya-ye schomâ) tschetûr aßt?
Sicherheit-von Gebiet (Ortschaft-von Ihr) wie (es)ist?
Wie ist die Sicherheit in der Region (ihrer Ortschaft)?

ehßâß-e amniat mê·kon·êd?
Gefühl-von Sicherheit (ihr)macht?
Fühlen Sie sich sicher?

afrâd-e moßallah-e gheyr-e mas'ûl haßt?
Personen-von bewaffnet-von nicht-von verantwortlich (er)ist
Gibt es illegale Bewaffnete?

mas'ûl-e amniat dar ên montaqa kê aßt?
Verantwortlicher-von Sicherheit in dies Region wer (er)ist?
Wer kümmert sich in dieser Gegend um die Sicherheit?

Ins Gespräch kommen

Dorfjugend

🗨 **mardom tschê kâr mê·kon·and?**
Leute was Arbeit (sie)machen
Wovon leben die Menschen?

🗨 **... kescht mê·kon·and.**
... Anbau (sie)machen
Sie bauen... an.

🗨 **mâldârê mê·kon·and.**
Viehhaltung (sie)machen
Sie halten Vieh.

Weizen	**gandom**
Reis	**berendsch**
Mais	**dschawârê**
Maulbeeren	**tût**
Baumwolle	**pomba**
Früchte	**mêwadschât**
Gemüse	**ßabzêdschât**
Mohn	**chasch châsch**
Opium	**taryâk**

yak ßad o ßê o haft

Krank sein

Krank sein

Das Gesundheitssystem in Afghanistan ist durch den Krieg katastrophal in Mitleidenschaft gezogen worden. Beim Wiederaufbau kommt viele Hilfe aus dem Ausland, so dass in Krankenhäusern fast immer jemand zu finden sein wird, der Englisch spricht.

🔊 **marêz haßt·am.**
krank (ich)bin
Ich bin krank.

🔊 **man ba dâktar / dâktar dandân zorûrat dâr·am.**
ich zu Doktor / Doktor Zahn Notwendigkeit (ich)habe
Ich brauche einen Arzt (Zahnarzt).

🔊 **schaffâchâna kodschâ aßt?**
Krankenhaus wo (es)ist
Wo ist ein Krankenhaus?

🔊 **ßar·am / schekan·am / pâ·yam dard mê·kon·ad.**
Kopf-mein / Bauch-mein / Bein-mein Schmerz (er)macht
Mein Kopf / Bauch / Bein schmerzt.

🔊 **indschâ dard mê·kon·ad.**
hier Schmerz (es)macht
Hier tut es weh.

🔊 **man tabb dâr·am / na-dâr·am.**
ich Fieber (ich)habe / nicht-(ich)habe
Ich habe Fieber / kein Fieber.

Krank sein

🔊 **ßar-am mê·tscharch·ad.**
Kopf-mein dreht
Mir ist schwindelig.

🔊 **man eßtefrâq kard·am (na-kardam).**
ich Übergeben (ich)machte (nicht-(ich)machte)
Ich habe mich (nicht) übergeben.

🔊 **eßhâl / qabz haßt·am.**
Durchfall / Verstopfung (ich)bin
Ich habe Durchfall / Verstopfung.

🔊 **pâ-yam schekaßta aßt.**
Fuß / Bein-mein gebrochen (es)ist
Mein Fuß / Bein ist gebrochen.

🔊 **eltehâb kard.**
entzündet (es)machte
Es ist entzündet.

🔊 **dawâchâna kodschâ aßt?**
Apotheke wo ist
Wo ist eine Apotheke?

🔊 **ba dawâ-ye ßorfa / zedd-e tabb / ßardardê zarûrat dâr·am.**
zu Medikament-von Husten / gegen-von Fieber / Kopfschmerz Notwendigkeit (ich)habe
Ich brauche ein Medikament gegen Husten / Fieber / Kopfschmerzen.

🔊 **ba antîbyûtîk / palâßtar / bandâdsch zarûrat dâr·am.**
zu Antibiotikum / Pflaster / Verband Notwendigkeit (ich)habe
Ich brauche ein Antibiotikum / Pflaster / Verband.

Bei einfachen Erkrankungen wird oft gleich die Apotheke (dawâchâna) aufgesucht, und der Apotheker verordnet ein Mittel.

pâ kann sowohl „Fuß" als auch „Bein" bedeuten.

yak ßad o ßê o nû | **139**

Dringende Hilferufe

Dringende Hilferufe

کمک	**komak**	Hilfe!
آتش	**âtesch**	Feuer!
دزد	**dozd**	Dieb!
داکتر	**dâktar**	Arzt!
دریش	**drêsch**	Halt!

این مرد من را ازار میدهد
în mard man râ âzâr mê·deh·ad.
dieser Mann ich dir.-Obj. Belästigung (er)gibt
Dieser Mann belästigt mich.

این مرد چیزهای من را دزدید
în mard tschêzhâ-ye man râ dozdîd
dieser Mann Sachen-von ich dir.-Obj. (er)stahl
Dieser Mann hat meine Sachen gestohlen.

کسی زخمی شد
kaßê zachmê schod.
jemand verletzt (er)wurde
Jemand ist verletzt.

به داکتر ضرورت داریم
ba dâktar zarûrat dâr·êm.
zu Doktor Notwendigkeit (wir)haben
Wir brauchen einen Arzt.

او را به شفاخانه ببرید
û râ ba schaffâchâna be·bar·êd.
er dir.-Obj. zu Krankenhaus (ihr)bringt!
Bringen Sie ihn/sie ins Krankenhaus.

من را به شفاخانه ببرید
man râ ba schaffâchâna be·bar·êd.
ich dir.-Obj. zu Krankenhaus (ihr)bringt!
Bringen Sie mich ins Krankenhaus.

Literaturtipps

Natürlich kann dieser Sprachführer nur einen kurzen Einblick in die Welt der Dari-Sprache bieten. Wenn Sie jetzt auf den Geschmack gekommen sind und weiterlernen wollen, kann ich Sie nur dazu ermutigen.

Dari ist zwar, wie schon erwähnt, keine sehr schwere, aber dafür eine recht exotische Sprache, das bemerkt man spätestens bei der Suche nach weiterführender Literatur oder Sprachkursangeboten. Für Farsi, iranisches Persisch, gibt es schon ein deutlich umfangreicheres Angebot. Mit Hilfe dieses Buches können Sie aber den Übergang vom iranischen zum afghanischen Persisch meistern.

Dasselbe Problem begegnet einem auch bei der Suche nach Lehr- und Wörterbüchern, auch hier muss man sich gegebenenfalls mit iranischem Persisch behelfen. Das iranische Persisch ist von der Grammatik ja im Wesentlichen gleich, die Hauptunterschiede liegen in der Aussprache und in der abweichenden Verwendung einiger Vokabeln.

Es mag bei afghanischen Kulturvereinen oder an Volkshochschulen vereinzelt Angebote geben, ansonsten sollte man sich überlegen, einen Kurs für iranisches Persisch zu besuchen. Solche Sprachkurse gibt es an den meisten deutschen Universitäten, an Volkshochschulen oder beim Landesspracheninstitut NRW.

... im REISE KNOW-How Verlag

Kauderwelsch Band 49: Persisch (Farsi) – Wort für Wort von **Mina Djamtorki,** ebenfalls in der Reihe Kauderwelsch, REISE KNOW-HOW Verlag, Bielefeld (ISBN 978-3-89416-046-3). Siehe auch: **www.reise-know-how.de**

Literaturtipps

weitere Literaturtipps

(Das Lehrbuch Dari kann direkt beim Autor bezogen werden: Fax +49(0)2232 / 965821 bamian@gmx.net; naasaf@aol.com)

Das Lehrbuch Dari von **Dr. Sayid Abdul Aziz Nadjibi** (Köln 2003; ISBN 3-00-011148-4). Ein gutes deutschsprachiges Lehrbuch des Dari, das sich in Vokabular und Texten speziell an ausländische Experten richtet, aktuell ist und landeskundliche Informationen beinhaltet.

Langenscheidts Praktisches Lehrbuch Persisch von **Bozorg Alavi** und **Manfred Lorenz** (Berlin / München 1999; ISBN 978-3-468-26249-4). Ein gutes Lehrbuch für iranisches Persisch, das die persische Grammatik sehr übersichtlich und vollständig behandelt und viele Übungen, auch zum Schriftsystem, enthält.

Zwar ist dieses Wörterbuch auf iranisches Persisch ausgerichtet, bei einigen Vokabeln kann man daher Schwierigkeiten haben, trotzdem ein hilfreicher Begleiter.

Langenscheidt Universal-Wörterbuch Persisch von **Khosro Naghed** und **Dr. Mohsen Naghed** (Berlin, München 2002; ISBN 978-3-468-18250-1). Ein brauchbares, günstiges Wörterbuch mit etwa etwa 18000 Stichwörtern (Persisch-Deutsch und Deutsch-Persisch). Es gibt auch die Aussprache in Umschrift an.

Auf Englisch gibt es eine umfangreiche Sammlung von Sätzen und Vokabeln (in Umschrift geschrieben): **Dari-English, English Dari Dictionary & Phrasebook** von **Nicholas Awde, Saeid Davatolhagh** und **Sami Aziz** (2003, ISBN: 978-0781809719) und ein Lehrbuch, das auch sehr intensiv die Schrift behandelt: **Beginner's Dari Persian** von **Shaista Wahab** (2003, ISBN: 978-0781810128).

Die Bücher und Schriften auf dieser Seite sind nicht beim REISE KNOW-HOW Verlag erhältlich!

Zu Hause und unterwegs – intuitiv und informativ
▶ www.reise-know-how.de

- **Immer und überall** bequem in unserem Shop einkaufen
- Mit **Smartphone, Tablet** und **Computer** die passenden Reisebücher und Landkarten finden
- **Downloads** von Büchern, Landkarten und Audioprodukten
- Alle **Verlagsprodukte** und **Erscheinungstermine** auf einen Klick
- **Online** vorab in den Büchern **blättern**
- Kostenlos **Informationen, Updates** und **Downloads** zu weltweiten Reisezielen abrufen
- **Newsletter** anschauen und abonnieren
- Ausführliche **Länderinformationen** zu fast allen Reisezielen

Wörterliste Deutsch – Dari

Die folgende Wörterliste enthält ca. 1400 Vokabeln, mit denen man schon eine ganze Menge anfangen kann. Bei den Verbformen steht in Klammern dahinter der Gegenwartsstamm, außer bei zusammengesetzten Verben, die mit bûdan (haßt) „sein", dâschtan (dâr) „haben", kardan (kon) „machen" *oder* schodan (schaw) „werden" *gebildet werden.*

A

ab (Ort / Zeit) az
abbiegen daur chordan (chor)
Abend schab
Abendessen nân-e schab
abends schabâna
aber wale; amâ
Abführmittel moshel, dawâ-ye zede qabzêt
Abneigung nafrat
abreisen ßafar kardan
absagen rad kardan
abschleppen kasch kardan
Abschleppseil reßmâne kasch kardan
absichtlich 'amdan; qaßdan
abspülen zarf schoßtan (schuy)
Abteilung bachsch
achten auf ... motawadsche ... budan
Achtung tawadschü
Adresse âdraß
ähneln schabâhat dâschtan
Alkohol alkol
alle (Ding / Person) hama
allein tanhâ
allergisch haßâß
alles hama, kol
allgemein 'omûmê
als (Vergleich) bamoqâêßa
als (zeitl.) waqtêke
also benâ bar ín
alt (nicht jung) pêr, moßen
alt (nicht neu) qadêmê, kohna
Alter (Lebens-) ßen
an ba, dar
anbieten taqdêm kardan, pêsch kardan
Andenken yâdgâr
andere dêgar
anders ba taure dêgar

Angebot pêschnehâd, lêlâm
Angel mâhêgêrê
Angelegenheit zamina, maßlehat
angemessen monâßeb
angenehm molâyem
Angestellte(r) kârmand, mâmûr
angreifen hamla kardan
Angst tarß
anhalten tawaqûf kardan
Anhänger (Schmuck) gardanband
Anhänger (Wagen) trelar
Anklage da'wâ
ankommen raßîdan (raß)
Ankunft worüd
Anlasser ßewetsche motar
annehmen qabul kardan
anrufen, jmd. (Stimme) ßadâ kardan
anrufen, jmd. (Telefon) telefun kardan
anschauen dêdan (bên), tamâschâ kardan
anschnallen baßtan (band); baßta kardan
anstatt ba 'ewaze
anstehen (Schlange) entezâr kaschidan (kasch)
antik qadimi
Antrag darchâßt
Antwort dschawâb
antworten dschawâb dâdan (deh)
anzeigen, jmd. 'arz kardan
anziehen pôschêdan (pôsch)
Apotheke dawâchâna
April aprel
Arbeit kâr
arbeiten kâr kardan
Arbeiter(in) kârgar
Architekt ma'mâr
Ärger chaschm

Wörterliste Deutsch – Dari

ärgern, jmd.
  qahr ßachtan (ßaz)
ärgern, sich qahr schodan
argumentieren
  dalil goftan (gûy)
Arm bâzû
arm faqêr
Armband bâzûband
Armee ordû
Ärmel âßtên
arrogant maghrûr
Art tarz, râh-o-rawesch
Arzt dâktar
Aschenbecher ßegretdânê
Atem tanafoß
atmen tanafoß kardan
auch ham
auf rô-ye
auf jeden Fall ba har sûrat
aufbewahren
  mohâfeza kardan
aufblasen pof kardan
Aufführung nomâyesch
Aufgabe wazêfa
aufheben boland kardan
aufhören chatm kardan
Aufkleber tschaßpkon
aufladen (Batterie)
  tschârdsch kardan
auflegen (Telefon)
  mândan (mân)
Aufmerksamkeit tawadschô
aufregen, sich tahrîk schodan
aufschreiben
  yâddâscht kardan
aufstehen bar châßtan (chêz)
aufwachen bêdâr schodan
aufwärmen garm kardan
Auge tschaschm
aus az
ausfüllen por kardan
Ausgang chorûdsch
ausgeben (Geld)
  maßraf kardan
ausgenommen ba ghair-e
ausgezeichnet 'âlê
auskennen, sich balad bûdan
Auskunft ma' lûmât
Ausland châredsch
Ausländer(in) châredschê
ausländisch châredschê
ausmachen (Licht)
  châmosch kardan
ausprobieren emtehân kardan
Auspuff nal-e chorûdsch-e
  gâz-e ßochta
Ausrede bahâna
ausreichend kâfê
ausrutschen
  lachschêdan (lachsch)
Ausschlag bochâr
außen châredsch
außerdem bar 'alâwa
außerhalb châredsch az
Aussicht dûr nomâ, manzera
Aussprache talafoz
aussprechen talafoz kardan
aussteigen pâên schodan
Ausstellung nomâyesch
aussuchen entechâb kardan
Ausweis tazkera
ausziehen
  lebâß kaschêdan (kasch)
Auto môtar
Autobahn schâhrâh

B

Bach dschûy
backen nân pochtan (paz)
Bäckerei nânwâê
baden hamâm kardan
Badewanne tap
Badezimmer
  hamâm, taschnâb
Bakterie mekrôb
bald zûd
Ball (Spiel) tôp
Bandage bandâdsch
Bank (Geld) bânk
Bargeld pûl-e naqd
Bart rêsch
Batterie betrê
Bau ßâchtomân
Bauch schekam
bauen ßâchtan (ßaz),
  dschûr kardan
Bauer dehqân
Baum daracht
Baumwolle pomba, pachta
Beamte(r) kârmand, mâmûr
beantragen
  darchâßt dâdan (deh)
Becher qûtê
bedecken
  pôschândan (poschân)
Bedürfnis zarûrat
beeilen, sich 'adschala kardan
beenden chatm kardan
befehlen amr kardan
beginnen schorû' kardan
begleiten hamrâê kardan
Behörde daftar, edâra
bei pêsch-e, nazdêk-e
Bein pâ
bekannt maschhûr
bekannt machen
  mo'arefê kardan
Bekannte(r) âschnâ
bekommen
  ba daßt âwardan (âwar)
belästigen mozâhem schodan
beleidigen tauhên kardan
bemühen, sich
  zamat kaschêdan (kasch)
benachrichtigen
  etlâ' dâdan (deh)
benutzen eßte'mâl kardan
Benzin petrôl
Benzinkanister
  gêlâna-ye petrôl

A–Z Wörterliste Deutsch – Dari

bequem (Komfort) ârâm
berechnen heßâb kardan
Berg kûh
berichten chabar dâdan (deh)
Beruf keßb, maßlak
berühmt maschhûr
berühren lamß kardan
beschädigen
 ßadama raßândan (raßân)
beschäftigt sein
 maschghûl budan
Beschwerde schekâyat
beschweren, sich
 schekâyat kardan
besetzt maßrûf
besichtigen dêdan (bên)
Besitzer mâlek; ßâheb
besonders machßûßan
Besteck qâschoq-o-pandscha
bestellen
 farmâyêsch dâdan (deh)
Bestellung farmâyêsch
bestrafen
 dschazâ dâdan (deh)
Besuch mehmân
besuchen, jmd. 'ayâdat kardan
Besucher(in) mehmân
beten namâz chândan (chân);
 'ebâdat kardan
betrügen farêb dâdan
Bett tacht
Bettler gadâ
Bettwäsche
 posche toschak-o-lehâf
Bevölkerung nofûß
bevor qabl; pêsch
bevorzugen
 tardscheh dâdan (deh)
bewahren mohâfezat kardan
bewusstlos bêhûsch
bezahlen pardâchtan (pardâz)
BH ßînaband
biegen daur dâdan (deh)
bieten taqdêm kardan

Bild 'akss
bilden ßâchtan (ßâz)
billig arzân
binden baßtan (band)
bis tâ
bisschen, ein kame
Bissen loqma
Bitte châhesch
bitte lotfan
bitten châhesch kardan
bitter talch
Blase (Wunde) âbla
Blase (Harn-) maßâna
blass rang parêda
Blatt (Baum) barg
Blatt (Papier) waraq
Blättchen (Tabak) bargak
bleiben mândan (mân)
Bleistift penßel
Blinddarm rôd-e apandekß
Blinker eschâra
Blitz almâßak
Blume gol
Blut chûn
Blutdruck feschâr-e chûn
bluten chûn schodan
Boden zamên
Boot keschtê
böse qahr
Botschaft (dipl.) ßefârat
Brand âtesch
braten beryân kardan,
 kabâb kardan
brauchen zarûrat dâschtan
brechen
 schekeßtândan (schekenân)
breit 'arêz
Bremse brêk
bremsen brêk gereftan (gîr)
brennen ßôchtan (ßôz)
Brief chat, maktûb
Briefmarke teket-e poßtê
Brille 'ainak
bringen âwardan (âwar)

Bronchitis ßêna baghal
Brot nân
Bruch kaßr, schekeßtagi
Brücke pol
Brunnen tschâh
Brust (weibl.) ßêna
Brust(korb) qafaße ßadrê
Buch ketâb
Buchstabe harf
buchstabieren
 hedschâ kardan
Bucht chalêdsch
bunt ranga
Burg qalah
Bürgersteig pyâda rau
Büro daftar
Bürste borß
Bus baß

C

Café kâfê, tschâychâna
Chance tschânss
Chef âmer
Chemie kemyâ
Chirurg dscharâh
christlich maßehê

D

da (örtlich) ândschâ
Dach bâm
damals ânwaqt, ßâbeq
damit tâ ke
danach ba'd az ân
Dank ßepâß
danke taschakkor
danken taschakkor kardan
dann ba'dan
Darm rôda
darum ba ên châter
dass ke

Wörterliste Deutsch – Dari

Datum târêch
Daumen schaßte angoscht
dazu 'alâwatan
Decke (Bett) lehâf
Decke (Zimmer) tschat
deklarieren tscherh kardan
denken fekr kardan
deshalb ba ên châter
Deutsch âlmâni
Deutsch(e,r) âlmâni
Deutschland âlmân
Dezember deßembar
Diabetes marêzi-ye schakar
Dialekt 'âmyâna
dick tschâq
Dieb/in dozd
Dienstag ße schanbe
dies în
Diesel dêzal
Ding tschêz
direkt moßtaqêm
Direktor modêr
doch albata
Dokument ßanad
dolmetschen
  tardoschoma kardan
Dolmetscher(in) tardschomân
Donner ra'd
Donnerstag pandsch schanbe
Doppelzimmer otâq-e do nafarî
Dorf deh
Dorn châr
dort ândschâ
dorthin ba ândschâ
Dose qûtê
Dosenöffner ßarbâzkon
draußen bêrûn
drehen daur dâdan (deh)
dringend 'âdschel
drinnen dâchel
Droge mawâd-e mochader
Druck feschâr
drucken tschâp kardan
drücken feschâr dâdan

dumm ahmaq
dunkel târêkê
dünn lâghar
durch az tarêqe, zarê'a-ye
Durchfall eßhâl
dürfen edschâza dâschtan
Dürre tschockßâlê
durstig teschna
Dusche schâwar
duschen schâwar gereftan

E

eben (Adj.) ßathe hamwâr
echt châleß, haqêqê
Ecke kondsch
egal bê tafâwot
eigen schachßê
eigentlich dar haqêqat
Eigentum molkêyat
eilig 'âdschel
Einbahnstraße
  ßarak-e yaktarafa
Eindruck ta'ßêr
einfach ßâda
einführen dâchel kardan
Eingang dochûl
einige ba'ze
einkaufen charêdan (char)
Einkommen 'âyed, darâmad
einladen da'wat kardan
Einladung da'wat
einmal yakbâr
einreisen ßafar kardan
einschließen baßtan (band)
einsteigen bâlâ schodan
Eintritt dochûl
Eintrittskarte kârte dochûl
einverstanden
  mawâfeq budan
Einwohner bâschenda
einzige(r/s) yakê
Eisen âhan

Eiter tscherk
ekelig manfûr
Elektriker barqê
elektrisch barqê
Elend faqr, badbachtê
Ellbogen ârendsch
Empfang pazêrâ-ê
empfehlen taußêya kardan
Ende châtema, andschâm
Energie enerdschê
eng tang
Englisch englêßê
Enkel(in) nawâßa
entfernen dûr kardan
Entfernung fâßela
Entschädigung
  dschebrân, tâwân
entscheiden
  taßmîm gereftan (gîr)
Entschuldigung ma'zerat
entspannen, sich
  ârâm schodan
enttäuscht nâomêd, mâyûß
entweder yâ
Entzündung eltehâb
Erde zamên
Ereignis hâdeßa
Erfolg haben mo'afaq schodan
Ergebnis natêdscha
erhältlich qabele daryâft
erkälten, sich rêzesch kardan
erklären tauzê' dâdan (deh)
Erklärung tauzê'
erlauben edschâza dâdan
  (deh), mândan (mân)
Erlaubnis edschâza
erreichen raßîdan (reß)
Ersatz 'ewaz, talâfi, fâltû
Ersatzteil porz-e fâltû
erst awal
erstaunlich 'adschêb,
  ta'dschob âwar
erwarten entezâr dâschtan
erzählen hekâyat kardan

Wörterliste Deutsch – Dari

Erziehung tarbêyat, parwaresch
essen chordan (chor)
Essen nân, ghezâ
Etage tabaqa
etwa taqrêban
etwas tschêze
Europa ûrûpâ
europäisch ûrûpâ-ê
Europäische Union etâhdya-ye ûrûpâ-ê
Experte motachaßeß

F

Fabrik fâbrêka
Faden târ
fahren raftan (raw)
Fahrer rânenda, derêwar
Fahrkarte teket
Fahrrad bâyßkel
fair sâdeq
fallen oftâdan (oft)
falsch ghalat
Falte tscholûkê, qât
falten qât kardan
Familie fâmêl
Farbe rang
Fass boschka, bêlar
fast taqrêban
fasten rôza gereftan (gîr)
faul (Obst) charâb
faul (träge) tambal
Februar febrwarê
Fehler eschtebâh, ghalatê
feiern dschaschn gereftan (gîr)
Feiertag rochßatê
feilschen tschâna zadan (zan)
Feld (Acker) mazre'a
Fenster kelkên
Ferien rochßatê, ta'têl
fern dûr
Fernglas dûrbên
Fernsehgerät telwêzyûn
fertig chalâß, âmâda
fest mahkam
Fest dschaschn
Fett rôghan, tscharbû
fett tscharb
feucht martûb
Feuer âtesch
Feuerwehr etfâya
Feuerzeug lâytar
Fieber tab
Film felm
finden yâftan (yâb), peydâ kardan
Finger angoscht
Firma scherkat
flach hamwâr
Flagge bayraq, partscham
Flamme scho'la
Flasche bôtal
Fleck laka, dâgh
fleißig koscheschê, zahmatkasch
fliehen farâr kardan, gorêchtan (gorêz)
fließen dschârê schodan
Flug parwâz
Flughafen maydâne hawâê
Flugticket teket-e tayâra
Flugzeug tayâra
Fluss daryâ
Flüssigkeit mâyê'
flüstern poßpoßak kardan
Flut ßêl
Folge natêdscha, 'âqebat
folgen ta'qêb kardan
Fön môy choschk kon
Form schakl
Formular form, waraqe raßmê
Fortschritt pêschraft
Foto 'akß
Fotoapparat kamra
fotografieren 'akß gereftan (gîr)
Frage ßo'âl
fragen ßo'âl kardan
frei âzâd
Freitag dschom'a
fremd begâna
freundlich mehrabân
Freund rafêq
Freundschaft refâqat, dôßtê
Frieden ßolh
Friedhof qabreßtân, ârâmgâh
frieren chonak chordan (chor)
frisch (Obst) tâza
Frisör ßalmân
froh sein chosch bûdan
Frucht mêwa, ßamar
früh waqtê, ßobh waqt
früher ßâbeq
Frühling bahâr
Frühstück tschâ-ye ßobh
fühlen, etwas lamß kardan
fühlen, sich ehßâß kardan
Führer rahbar
füllen por kardan
funktionieren fa'âleat kardan
für barâ-ye
fürchten tarßêdan (tarß)
fürchterlich tarßnâk
Fuß pâ, pây
Fußball fotbâl
Fußgänger pêyâdarau

G

Gabel pandscha
gähnen fâdscha kaschêdan (kasch)
Gang (Auto) gêr-e motar
ganz (völlig) kâmelan
gar(gekocht) pochta
Garage garâtsch
Garten bâgh
Gas gâz
Gas geben ßor'at dâdan (deh)

Wörterliste Deutsch – Dari

Gast mehmān
Gastgeber(in) mehmāndâr
Gebäude ßâchtomân
geben dâdan
Gebet 'ebâdat
Gebirge kôheßtân
Gebiss dandâhâ-ye maßnû'ê
gebrauchen eßte'mâl kardan
Gebühr mahßûl
Gedanke fekr, chêyâl
Gefahr chatar
gefährlich chatarnâk
gefallen chôsch âmadan (ây)
Gefängnis mahbaß
Gefäß zarf
Gefühl ehßâß
gefüllt por
gegen zed, moqâbel
Gegend manteqa
Gegenstand tschêz
gegenüber von moqâbel, rû ba rûy
gehen raftan (raw)
Gehirn maghz
gekocht pochta
gelb zard
Geld pûl
Gelegenheit forßat, mauqe'
Gemüse ßabzêdschât
gemütlich ârâm, moßtarêh
genau daqêq, doroßt
Genehmigung edschâza
genießen lezat bordan (bar)
genug kâfê, baß
genügen kâfê budan
geöffnet bâz budan
Gepäck bakß, bâr
gerade râßan
geradeaus moßtaqêm
gerecht 'âdelâna
Gericht (Amt) mahkama
gern bâ kamâle mayl, ba tschaschm
gern haben chôsch dâschtan

geröstet beryân schoda
Geruch bûy
gesalzen namaki
gesamt madschmô'
Geschäft (Laden) dokân, maghâza
geschehen etefâq oftâdan (oft)
Geschenk tohfa
Geschichte (Erzählung) qeßa
Geschichte (Historie) târêch
geschieden talâq schoda
geschlossen baßta, maßdûd
Geschwindigkeit ßor'at
geschwollen pondêda
Gesetz qânûn
Gesicht sûrat, rûy
Gespräch goft-o-gû
Gestalt schakl, sâchtomân
gestern dîrûz
gestohlen dozdê schoda
gesund ßehatmand, ßâlem
Gesundheit ßehat
Getränk nôschêdanê
Gewehr tofang
Gewicht wazn
gewinnen kamâ'ê kardan
Gewitter ra'd-o-barq
gewöhnen, sich 'âdat dâdan (deh)
Gewohnheit 'âdat
gewöhnlich ma'mûlan
gießen rêchtan (rîz)
Gift zahr
giftig zahrê
Gips gatsch
Glas (Material) schêscha
Glas (Trink-) gelâß
glatt ßâf, laschm
Glaube a'qêda, êmân
glauben a'qêda dâschtan
gleich maßâwê, moschâbe
gleichgültig bê tafâwot
glücklich choschbacht

Glückwunsch tamanêyâte chosch
Glühbirne gorûp
Gott chodâ
graben kandan (kan)
Grad daradscha
Gramm gerâm
Gras ßabza
gratulieren tabrêk goftan (gûy)
Grenze ßarhad
Griff daßtgêr
groß kalân, bozorg
großartig 'âlê
Größe bozorgê
Grund dalêl
Gruppe gorûp
grüßen ßalâm dâdan (deh)
Gurt band
Gürtel kamarband
gut chûb

H

Haar mûy
haben dâschtan
hacken koland zadan (zan), kandan (kan)
Hafen bandar
hageln dschâla bârêdan (bar)
Haken tschangak
halb nêma, neßf
Hals golû, gardan
Halsschmerzen darde golû
Haltestelle ëßtgâh
Hammer tschakosch
Hand daßt
Handel tedschârat
Handgelenk mafzal-e daßt
Händler tâdscher
Handtuch daßtpâk
hart ßacht, moschkel
hassen nafrat dâschtan
hässlich zescht, manfûr

Wörterliste Deutsch – Dari

Hauptstadt pây-e tacht
Haus châna
Haut dschold
Hebamme dâya
heben boland kardan
heilig moqadaß
Heirat 'arôßê
heiraten 'arôßê kardan
heiß dâgh
Heizung markazgarmê
helfen komak kardan
hell rôschan
Hemd perâhan
Herbst chazân
Herd dâsch
hereinkommen dâchel schodan
Herr âqâ
Herz qalb
Herzanfall haml-e qalbê
heute emrûz
hier ĭndschâ
Hilfe komak
Himmel âßmân
hineingehen dâchel schodan
hinten poscht-e ßar
hinter dar haqeb, ba donbâl
Hitze garmê-ye schadêd
hoch boland
Hochschule pohantûn
höchst- boland
Hof darbâr, ßarây
hoffen omêd dâschtan
hoffentlich omêd aßt, enschâllah
höflich bâ adab
Höhe ertefâ', bolandê
Höhle maghâra, tschoqûrê
holen âwardan
Holz tschôb
hören schenêdan
Hörer (Telefon) goschê
Hotel hôtal
Hüfte ßûrên
Hügel tappa

Hunger goreßnagê
Husten ßorfa kardan
Hygiene hefz-ol-seha

I

Idee fekr, nazarêya
im dar
immer hamêscha
impfen wâkßên kardan
in (örtlich) dar
in (zeitlich) dar
Industrie son'at
Infektion sarâyat, masâbêt
Information ma'lûmât
Ingenieur endschenyar
inklusive ba schomûl
innen dâchel
Insekt haschara
Insel dschazêra
Institut institût
interessant dschâleb
Interesse 'alâqa
interessieren für, sich 'alâqa dâschtan
international bayn-ol-melalê
irgendein kodâm kaße
irren eschtebâ kardan

J

ja bale
Jacke dschampar
Jahr ßâl
Jahreszeit faßl
jährlich ßâlâna
Januar dschanwarê
jede har
jederzeit har waqt
jedes Mal har daf'a
jemals yakbâr, yak waqte
jemand kaße

jetzt hâlâ
Journalist dschôrnâlêßt
jucken chârêdan (châr)
Juli dscholây
jung dschawân
Juni dschûn
Jura hoqûq

K

Kabel kebal
Kalender dschantarê, taqwêm
kalt ßard
kämpfen dschangêdan (dschang)
Kanne tschâynak
kaputt charâb
Karte naqscha
Kasten ßandôq
katholisch kâtûlêk
kauen dschawêdan (dschâw)
kaufen charêdan (char)
Kaufhaus forôschgâh
Kaugummi ßâdscheq
kaum kam
kein hêtsch
Keller zêrzamênê
kennen schenâchtan (schnâß)
Kette zandschêr
Kiefer alâscha
Kilometer kêlo metr
Kind tefl, kodak
Kinn zonach
Kino ßênamâ
Kirsche gelâß, âlûbâlû
Kissen bâlescht
Kiste ßandoq
klar wâze'
Klasse ßenf
Klebeband palâßtar
kleben tschaßpândan (tschaßpân)
klebrig tschaßpôk

150 | yak ßad o pindscha

Wörterliste Deutsch – Dari

Klebstoff ßeresch
Kleider kålâ, lebâss
Kleidung lebäß
klein kotschak
klettern bâlâ schodan
Klima âb-o-hawâ
Klingel zang
klingeln zang zadan (zan)
klug hüschêyâr, zêrak
kneifen
 tschondok gereftan (gîr)
Knie zânû
Knöchel bodscholake pây
Knochen oßtochân
Knopf dokma
Koch âschpaz
kochen pochtan (paz)
Koffer bakß
Kohle zoghâl
kommen âmadan
kompliziert pêtschêda
können tawânêßtan (tawân)
Konsulat qonßolgarê
Kontakt tamâß
kontaktieren
 tamâß gereftan (gîr)
Kontaktlinse lenz-e tschoschm
Konto heßâb-e bânkê
kontrollieren kontroll kardan
Konzert kanßart
Kopf ßar
Kopfkissen bâlescht
Kopfsalat kâhû
Kopfschmerzen ßar dardê
Körper badan, dscheßm
korrigieren eßlâh kardan
kosten (probieren)
 emtehân kardan
Krampf taschanodsch-e azalät
krank marêz
Krankenhaus schafâchâna
Krankenpfleger(in)
 narß (hamschêra)
Krankenwagen ambölânß

Krankheit maraz
Kreditkarte kredêtkârt
Kreuz ßalêb
Kreuzung tschâr râhê
Krieg dschang
Küche âschpazchâna
Kugelschreiber chodkâr
kühl ßard
Kühler ßardkon
Kühlschrank yachtschâl
Kultur koltûr, farhang
Kunst honar
Kupplung kalatsch
Kurs kôrß
Kurve golâ-ê
kurz kotâh
kurzsichtig nazdêkbên
Kuss bôßa
Küste ßâhel
Kutsche gâdê

L

lächeln tabaßom kardan
lachen chandêdan (chand)
Laden dokân
laden bâr kardan
Lage hâlat
Lähmung faldsch
Laken rûy posch
Lampe tscherâgh
Land mamlakat
Landkarte naqscha
Landwirtschaft zerâ'at
lang (Entfernung) dûr
lang(e) (Zeit) waqt-e zêyâd
langsam âheßta
langweilig chaßta kon
Lappen teke ßâfê
Laterne tscherâgh
laufen dawêdan (daw)
laut ßadâ-ye boland
leben zendagê kardan
Leben zendagê

Leber dschegar
lecker mazadâr
Leder tscharm
ledig modscharad
leer châlê
legen gozâschtan (gozâr),
 mândan (mân)
Lehrer(in) mo'allem
leicht (Gewicht) ßabok
leicht (nicht schwierig) âßân
Leid tun ta'assof kardan
leihen amânat dâdan (deh)
Lenkrad eschtereng
lernen âmochtan (âmoz)
lesen chândan (chân)
letzte âcherê
leuchten dorochschêdan
 (dorchsch)
Leute mardom
Licht tscherâgh
Liebe eschq
lieben dûßt dâschtan
Lied ßorûd, âwâz
liefern raßândan (raßân)
liegen wâqe' bûdan,
 qarâr dâschtan
Linie chat
links tschap
Lippe lab
Liste leßt
LKW lârê
Loch ßûrâch
Löffel qâschoq
Lohn mozd, ma'äsch
lösen e'lâ kardan
lösen (Problem) hal kardan
Lösung mahlûl, tschâra
Luft hawâ
lügen dorûgh goftan (gûy)
Lunge schosch
Lust mayl, schauq, 'alâqa
lustig maßrûr, chanda âwar
lutschen tschôschêdan
 (tschôsch)

Wörterliste Deutsch – Dari

M

machen ßâchtan (ßâz), dschûr kardan, kardan
Macht qodrat, zûr
Mädchen dochtar
Magen me'da
Mai mâhe me
Mal neschânê, laka
man schachßs, kaße
manch ba'ze
manchmal ba'ze auqât
Mann mard, schauhar
Mantel bâlâposch
Marihuana tscharß
Marke 'alâmat
Markt mârket
Maschine mâschên
Massage maßâj
Material mâda
Mathematik rêyâzê
Matratze toschak
Mauer dêwâr
Maus mûsch
Mechaniker mechânêk
Medikament dawâ
Medizin teb
Meer bahr
mehr zêyâd
mehrere tschandên
meinen nazar dâschtan, fekr kardan
Meinung fekr, nazarya
meist akßaran
Menge meqdâr
Mensch enßân
Menstruation hayz, 'âdate mâhwâr
Menü leßte ghezâ
merken fahmêdan (fahm)
merkwürdig 'adschêb
messen andâza kardan
Messer tschâqû
Metall âhan
Meter metr
Metzger qaßâb
Mikrowelle mêkrowell
mieten kerâya gereftan (gîr)
mindestens hade aqal
Mine (Bergwerk) ma'dan
Minimum had-e aqal
Minister wazêr
Minute daqêqa
mischen machlût kardan
mit bâ, hamrâh
Mitglied 'ozw
Mitleid hamdardê
Mittag tschâscht, zohr
Mittagessen nân-e tschâscht
Mitte waßat
Mittel waßêla
mittels ba komak-e, az tarêq-e
Mittwoch tschâr schanbe
Möbel lawâzem-e châna
Mode mod
Mofa motarßâykel
möglich momken, emkân pazêr
Moment lahza
Monat mâh
Mond mahtâb
Montag doschanbe
Mord qatl
morgen fardâ
Morgen ßobh
morgens ßobhâna
Moschee maßdsched
Motor mâschên, endschen
Motorhaube bânat
Motorrad motarßâykel
müde chaßta
Müll kaßâfât
Mülleimer ßatle kaßâfât
Mund dahan
Münze ßeka
Museum môzyam
Musik môßêqê
Muskel 'azala
müssen bâyad (+Konjunktiv)
Mutter mâdar
Mütze kolâh

N

nach (Richtung) ba
nach (Zeit) bâlâ
Nachbar hamßâya
nachdem ba'd az, paß az ânke
nachgehend (Uhr) paß mânda
Nachmittag ba'd az zohr
Nachricht chabar
nächste dêgar
Nacht schab
Nacken poscht-e gardan
nackt berahna, lotsch
Nadel ßôzan
Nagel (Körper) nâchon
Nagel (Werkzeug) mêch
nah nazdêk, qarêb
Nähe dar nazdêk
Nahrung ghezâ
Name nâm
Nase bênê
nass tar
Nationalität tâbe'yat
Natur tabê'yat
natürlich (gewiss) tab 'an
natürlich (nicht künstlich) tabê'ê
Nebel ghobâr
neben pahlû-ye
nehmen gereftan (gîr)
nein nachayr, ne
nennen nâmêdan
nervös aßabânê
nett mehrabân
neu nau, dschadêd
neugierig kondschkâw
Neujahr ßâl-e nau
nicht ne

Wörterliste Deutsch – Dari

nichts hêtsch, hêtsch tschêz
nie hargez
Niederlage schekaßt, nâkâmê
niedrig pâ'ên
niemals hargez, hêtschwaqt
niemand hetsch kaß
Niere gorda
noch hanûz
Norden schamâl
nördlich schamâlê
normal 'âdê, standard
normalerweise ma'mûlan
Not zarûrat, âdschel
notwendig zarûrê
Notwendigkeit zarûrat
Null ßefr
Nummer nomra, schomâra
Nummernschild nambar palêt
nur faqat
nutzen eßte'mâl kardan, eßtefâda kardan
nützlich qâbel-e eßtefâda

O

ob âyâ
oben bâlâ
obere bâlâ, bâlâ-ê
Oberfläche ßatha
obwohl bâ wodschûdê ke
oder yâ
Ofen bochârê
offen bâz
offiziell raßmê
öffnen bâz kardan, e'lâ kardan
oft ghâleban
ohne bedûn-e
ohnmächtig bêhüsch
Ohr gosch
Ohring goschwâra
Oktober oktobar
Öl roghan, têl

Olive zaytûn
Onkel kâkâ (väterlicherseits), mâmâ (mütterlicherseits)
Operation 'amalyât
Opfer qorbânê
Optiker 'aynak ßâz, 'aynak forosch
Orange mâlta
orange nârendschê
ordentlich monazam
organisieren tartêb kardan, nazm dâdan (deh)
Ort dschâ, makân
Osten scharq
Österreich otrêsch
Österreicher(in) otrêschê
paar, ein dschora, dschoft

P Q

Päckchen pâkat
Paket pâkat
Palast kâch, qaßr
Papier kâghaz
Parfüm 'atr
Park pârk
parken pârk kardan
Pass paßport
Passagier moßâfer, râkeb
passen barâbar bûdan, mawâfeq bûdan
passieren ßûrat gereftan (gîr), gozaschtan (gozar)
Pause tafrê'
peinlich scharm âwar
perfekt kâmel, daqêq
Person schachß
Personalausweis tazkera
persönlich schachßan
Pfad rah, maßêr
Pfanne tâwa, tochompazê
Pfeil têr
Pferd aßp

Pfirsich zardâlû
Pflanze nabât
Pflaster (Wunde) palâßtar
Plan pelân, barnâma, naqscha
Plastik palâßtêk
Plastikbeutel chalte palâßtêkê
Platz dschâ, makân, mahal
Platzkarte naqsche mahal
plaudern ßohbat kardan
plötzlich nâgahân
Politik ßyâßat
Polizei pülêß
Polizeistation mâmûryate pülêß
Post poßta châna
Postkarte poßtkârt
prahlen lâf zadan (zan), bâlêdan (bâl)
Praktikum daure 'amalê, ßetâj
Präsident ra'êß-e dschomhûr
Preis qêmat, nerch
preiswert monâßeb, arzân
privat schachßê
Problem moschkel, problem
Programm progrâm, barnâma
Prüfung emtehân
Pullover dschâkat
Pulver podar
Pumpe pamp
Punkt noqta
pünktlich ßar-e waqt
Qualität kayfyat
quatschen bê hûda gap zadan (zan)
Quittung raßêd

R

Rabatt tachfêf
Rache enteqâm
Rad tscharch, 'arâda

Wörterliste Deutsch – Dari

Radiergummi penßelpâk
Radio râdyo
Rahmen tschaukât
Rakete râket
Rand kenâr
Rasierapparat
  mâschên-e rêsch
rasieren tarâschêdan (tarâsch)
Rasierklinge pâkê-ye rêsch
Rasierpinsel borß-e rêschkalê
Rasierseife ßâbûne rêsch
Rat schorâ
raten maschwara dâdan (deh)
Rathaus schârwâle
rauben dozdêdan (dozd),
  ghârat kardan
Rauch dûd
rauchen
  ßegret kaschêdan (kasch)
rauslassen châredsch kardan
rechnen heßâb kardan
Rechnung ßûrat-e heßâb
Recht haq, qânûn
recht râßt, ßahêh, doroßt
rechts râßt
Rechtsanwalt wakêl
reden gap zadan (zan)
Regal qâyda
regeln tartêb dâdan (deh),
  doroßt kardan
Regen bârân, bâresch
Regenjacke kortê bârân
Regenschirm tschatrê
Regierung hokûmat
Region manteqa
registrieren ßabt kardan,
  dardsch kardan
regnen bârêdan (bâr)
reiben mâlêdan (mâl)
reich ghanê, ßarwatmand
reif pochta
Reifen tâyr
Reihe ßaf, noubat
reinigen pâk kardan

Reinigung pâk kârê
Reise ßafar
reisen ßafar kardan
Reisende(r) moßâfer
Reisepass pâßport
Reisescheck tschek-e ßafarê
reißen pâra kardan,
  pâra schodan
Reißverschluss zandschêr
Religion dîn
rennen dawêdan (daw)
Rente taqâ'od
Reparatur tarmêm
reparieren dschûr kardan
reservieren rêzarf kardan
retten nedschât dâdan (deh)
Rezept (Koch-) nochße
  (âschpazê)
Rezept (Arzt) nochße (dâktar)
Richter qâzê
richtig doroßt, ßahêh
Richtung dschahat, ßamt
riechen boêdan (bûy)
riesig bozorg, kalân
Rind gâu
Rinde poßt-e daracht
Ring halqa
Rippe qabergha
Rock dâman
roh châm
Rohr nal, lôla
rollen lol dâdan (deh)
röntgen râdyogrâfê kardan
Röntgenaufnahme râdyogrâfê
rosa golâbê
Rose gol-e golâb
Rost zange felez
rostfrei bedûn-e zang
rot ßorch
Rotes Kreuz ßalêbe ßorch
Rücken poscht, kamar
Rückfahrt bargascht,
  morâdsche'at
Rucksack bayke ßar-e schâna

rückständig baqâyâ
Rückzahlung paß pardâchtan,
  qarz râ adâ namûdan
rufen ßadâ kardan
Ruhe ârâmê
ruhig ârâm
Rühreier
  tochme pochta dar roghan
Ruine charâba, wayrâna
ruinieren wayrân kardan
rund gerd, dâyrawê
rutschen
  lachschêdan (lachsch)
rutschig lachschenda

S

Saft scharbat, dschûß
sagen goftan (gûy)
Salbe marham
Salz namak
salzig namakê
sammeln dscham' kardan
Samstag schanbe
Sand rêg, ßangtschel
Sandalen tschaplak
satt ßêr
Satz dschomla
sauber pâk
sauber machen pâk kardan
sauer torsch
Schach schatrandsch
schade mota'aßefâna, hayf
Schädel kalâ
Schal daßtmâl
Schale zarf, qeschr, poßt
schälen poßt kardan
schalten (Auto)
  gêr tabdêl kardan
Schalter ßewêtsch
scharf têz, tond
Schatten ßâya
schauen dêdan (bîn),
  tamâschâ kardan

Wörterliste Deutsch – Dari

Schaufel bêl
Schaufenster wêtrên
Scheck tschek bânkê, hawâla
Scheibe pârtscha, schêscha
Scheibenwischer barfpâk-e motar
scheiden lassen, sich talâq dâdan (deh)
Scheinwerfer tscherâgh-e motar
Schere qaytschê
Scherz mazâq, schochê
Schicht qeschr
schicken ferêßtâdan (ferêßt)
schieben tela kardan
schießen fayr kardan
Schiff kêschtê
Schild lauha
Schimmel popanak
Schlaf châb
schlafen châbêdan (châb)
Schlafsack beßtar-e ßafarê
Schlafzimmer otâq-e châb
Schlaganfall faldsch
Schlagbaum tschôb-e têr
schlagen zadan (zan)
Schlange mâr
Schlange stehen dar ßaf entezâr kaschêdan (kasch)
schlecht bad, charâß
schließen baßtan (band)
schließlich bel âchera
schlimm bad
Schloss (Gebäude) qaßr
Schloss (Tür-) qofl
Schlucht darra-ye tang
schlucken qort kardan
Schluss- châtema, andschâm
Schlüssel kelêd
schmackhaft lazêz, choschmaza
schmal bârêk, kam 'arz
Schmerz dard, 'azâb
schmerzen dard kardan

Schmied âhangar
schmieren tscharb kardan
Schmuck zêwar
schmutzig kaßêf, tschtal
Schnee barf
schneiden borêdan (bor)
Schneider chayât
schneien barf bârêdan (bar)
schnell zûd
Schnitt boresch, borêdagê
Schnuller tschoschak
Schnur rêßmân
Schnurrbart borût
Schnürsenkel band-e bût
Schokolade schakalâd, tschâklet
schön maqbûl, qaschang
Schrank almârê
Schraube pêtsch
Schraubenschlüssel rendsch
Schraubenzieher pêtsch kasch
schreiben neweschtan (newêß)
Schreibtisch mêz-e neweschtan
schüchtern scharmendok
Schuh bût
Schuld gonâh
schulden qarzdâr bûdan
Schule maktab
Schüler(in) schâgerd
Schüssel zarf, kâßa
Schuster motschê
Schutz hemâyat
schwach za'êf
schwanger hâmela
schwarz siyâh
Schwein chûk
Schweiz ßêwêß
Schweizer(in) ßêwêßê
schwer (Gewicht) ßangên
schwer (nicht leicht) ßacht, moschkel
Schwester châhar

schwimmen âb bâzê kardan
schwindelig sein ßar tscharchê dâschtan
schwitzen 'araq kardan
schwül hawâ-ye martûb
sehen dêdan (bîn)
Sehenswürdigkeit dschâhâ-ye dêdanê
Sehne pay
sehr zyâd
Seide abreschâm
Seife ßâbûn
Seil rêßmân
sein bûdan
Seite (Buch) ßafha
Seite (örtl.) taraf
Sekunde ßânya
selbst chod, schachßan
selbstständig mostaqel
selten nâder, kamyâb
seltsam 'adschêb-o-gharêb
senden ferêßtâdan (ferêßt)
September ßeptambar
Service chedmat
servieren ghezâ âwardan (âwar)
setzen neschaßtan (neschîn)
Sex râbet-e dschenßê
sicher motma'en
Sicherheit amnêyat
sicherlich ba etmênân
Sicherung amnêyat, fyûs-e mêtar-e barq
Silber noqra
singen âwâz chândan (chân)
sitzen neschaßta bûdan
Socken dscherâb
Sofa kautsch
sofort fauran
sogar hatâ
Sohn batscha
solch tschonên
Sommer tâbeßtân
Sonne âftâb

yak ßad o pindscha o pandsch | 155

Wörterliste Deutsch – Dari

Sonnenbrand ßochtagê âftâb
Sonnenbrille 'aynak-e âftâbê
Sonnencreme kêrêm barâ-ye hefâzat az âftâb
Sonnenschirm tschatrê
Sonnenstich âftâb zadagê
Sonntag yakschanbe
sonst ghayr az ân, dêgar
Sorge negarânê
sorgen, sich negarân būdan, taschwîsch dâschtan
Soße lo'âb
Spaß mazâq
spät nâwaqt
spazieren gehen qadam zadan (zan)
Spaziergang tafrêh, tschakar
Speise ghezâ
Spiegel â'êna
Spiel bâzê
spielen bâzê kardan
Spielzeug ßâmâne bâzê
Spieß ßêch-e kabâb
Sport ßeport, warzesch
Sprache zabân, leßân
sprechen gap zadan (zan)
springen chêz zadan (zan)
Spritze petschkârê
Staatsangehörigkeit tâbe'yat
Stadt schahr
Stadtviertel nâhya
Stadtzentrum markaz-e schahr
stark qawê
starten (beginnen) schorû' kardan
starten (Motor o.ä.) tschâlân kardan
Startkabel kebal-e tschârtsch
Station êßtgâh
stattfinden ßûrat gereftan (gîr)
Stau ezdehâm-e motarhâ
Staub gard
staunen ta'adschob kardan
stechen gazêdan (gaz)

Steckdose ßâket-e barq
stecken dâchel kardan
Stecker palak
stehen êßtâdan (êßt)
stehlen dozdêdan (dozd)
steil ßarneschêb, schach
Stein ßang
Stelle maqâm, dschây, kâr
stellen mândan (mân), gozâschtan (gozâr)
sterben mordan (mîr), faut kardan
Stern ßetâra
Steuer mâlya
stinken būy-ye bad dâdan (deh)
Stirn peschânê
Stockwerk tabaqa, manzel
Stoff teke lebâß, mâda
stören mozâhem schodan
Stoßdämpfer dschempeng-e motar
Strafe dscharêma
Strahl scho'â
Straße ßarak
Streichholz gogerd
Streit da'wâ, monâqescha
streiten da'wâ kardan, monâqescha kardan
streng ßachtgêr
Strom barq
Stromkabel kebale barq
Strömung dschêryân
Stück dâna
Student mohaßel
studieren tahßêl kardan
Stuhl tschaukê
Stunde ßâ'at
Sturm tûfân, hodschûm
suchen dschostüdscho kardan
Süden dschonūb
Summe madschmo', dscham'e kol
Sumpf chandaq, dschabâzâr

super! 'âlê, fauqol'âda
Supermarkt sûpermârket
Suppe schorbâ, sûp
süß schêrên

T

Tabak tanbâkū
Tabakladen tanbâkū foroschê
Tablette golê, dawâ
Tag rōz
täglich rōzâna
Tal dara
Tankstelle tânk-e têl
Tante châla, a'ma
tanzen raqßêdan (raqß)
Tasche chalta, dschêb
Taschenlampe tscherâgh-e daßtê
Taschentuch daßtmâl
Tasse pyâla
tatsächlich wâqe'an
Tausch tabâdela, ma'âweza
tauschen tabdêl kardan
Taxi takßê
Tee tschây
Teil porza, hessa, qessmat
teilen taqßêm kardan
teilnehmen qeßmat gereftan (gîr), scherkat kardan
Telefon têlêfūn
Telefonhörer gōsche-ye têlêfūn
telefonieren têlêfūn kardan
Telefonkarte kârt-e têlêfūn
Telegramm telegrâm
Teller beschqâb
Temperatur daradsche harârat
Teppich farsch, qâlên
teuer qêmat
Teufel schaytân
Theater têyâtor
Thermometer mêzân-ol-harâra
Ticket teket

Wörterliste Deutsch – Dari

tief amêq, tschoqor
Tier haywân
Tierarzt däktare haywânât
Tinte dêwât
Tisch mêz
Tischdecke ßarmêzê
Tochter dochtar
Tod marg
Toilette taschnâb
Toilettenpapier kâghaze taschnâb
Topf dêg
Tor darwâza, gol
tot morda
töten koschtan (kosch)
Tourist torêßt
träge tanbal
tragen haml kardan
Traube angûr
trauen, sich dschor'at kardan
traurig ghamgên
treffen molâqât kardan
trennen dschodâ kardan
Treppe zêna
trinken noschêdan (nosch)
Trinkgeld bachschesch
trocken choschk
trocknen (etwas) choschk kardan
trocknen (trocken werden) choschk schodan
trotz bâ wüdschûde
trotzdem bâ wüdschûde ân ham
tschüss chodâ hâfez, bâmâne chodâ
T-shirt tê schort
Tunnel tûnal
Tür darwâza
Türklinke dastgêr-e darwâza
Turm bordsch
Türschloss qolf-e darwâza
Tüte chalta

U

Übelkeit delbadê
üben tamrên kardan
über dar bâra-ye
über (örtl.) bâlâ-ye, bar
über (zeitl.) ezâfa az
überall hardschâ
Überfall hödschûm, hamla
übergeben, sich eßtefrâq kardan
überholen (Auto) ßebqat kardan, têr schodan
übermorgen paßfardâ
überqueren têr schodan, `obûr kardan
Überschwemmung ßêlâb, zere âb schodan
übersetzen (Sprache) tardschoma kardan
Übersetzer(in) tardschomân
Übersetzung tardschoma
übrig bâqê
Uhr ßâ`at
um (zeitl.) badscha
um (zu ...) tâ
umarmen baghal kardan
umdrehen daur dâdan (deh)
Umgebung mohêt
umkippen tschapa kardan
umtauschen tabdêl kardan
Umweg kadschrâhê
Umwelt mohêt-e zêßt
unabhängig ghayr-e wâbaßta
unbegrenzt bê had
und wa
Unfall taßâdom
Ungeduld bê ßabrê
ungefähr taqrêban
Ungeziefer moftchôr, tofaylê
Universität pohantûn
unmöglich nâ momken
unschuldig bê gonâh
unten pâ'ên

unter zêr-e
Unterhaltung goft-o-gû
Unterhemd zêr pêrâhanê
Unterhose nêkar
Unternehmen scherkat
Unternehmer ßâheb-e scherkat
Unterricht darß
unterrichten darß dâdan (deh)
unterschreiben emzâ kardan
Unterschrift emzâ
Urin edrâr
Urlaub rochßatê
Ursache 'elat, ßabab

V

Vater padar
vegetarisch nabâtê
Vene warêd, rag
Ventil madschrâ, darêtscha
Ventilator bâdpaka
Verabredung wa'da
verabschieden, sich chodâhâfezê kardan
verantwortlich maß'ûl
Verband etâhadya
verbessern eßlâh kardan, doroßt kardan
verbieten edschâza na-dâdan, mamnû` ßâchtan (ßaz)
Verbindung ertebât, tarkêb
verboten mamnû
Verbrechen dschenâyat, dschorm
Verbrecher dschenâytkâr, modschrem
verbringen gozaschtândan
verdammt la'natê, manfûr
verderben charâb schodan, fâßed schodan
Verfallsdatum târêch-e az bayn raftan

Wörterliste Deutsch – Dari

verfolgen ta'qêb kardan
vergessen farâmôsch kardan
Vergnügen tafrêh, ßâ'têrê
vergnügen, sich tafrêh kardan
vergewaltigen
    tadschâwoz kardan
verheiratet motahel
Verhütungsmittel waßêl-e dschelaugêrê az hâmelagê
verirren, sich
    râh rà gom kardan
verkaufen forûchtan (forûsch)
Verkehr tarâfêk
verlassen tark kardan
verleihen a'tâ kardan,
    amânat dâdan (deh)
verletzt zachmê
verlieben, sich
    'âscheq schodan
verliebt 'âscheq
verlieren az daßt dâdan (deh)
verlobt nâmzâd
vermeiden
    dschelaugêrê kardan
vermieten kerâya dâdan (deh)
Vermietung kerâya dehê
vermindern kam schodan
vernünftig 'âqel, ma'qûl
verpacken
    baßta bandê kardan
verrückt dêwâna
verschwinden gom schodan
Versicherung bêma
verspätet nâ waqt
versprechen (etwas)
    wa'da dâdan (deh)
versprechen, sich eschtebâ kardan, ghalat kardan
verstehen fahmêdan (fahm)
versuchen küschesch kardan
vertrauen e'temâd kardan
Vertrauen e'temâd
verzeihen bachschêdan
    (bachsch), 'afwa kardan

viel zyâd, bêßyâr
vielleicht schâyad
Viertel nâhya, ßâha
Viertel(stunde) rob',
    pânzdah daqêqa
Vogel parenda, morgh
Volk mardom
voll por
von az
vor pêsch
vor allem choßüsßn
voraus qablan,
    pêsch az pêsch
vorbeifahren
    bâ motor gozaschtan (gozar)
vorbeikommen
    pesche kasse raftan (raw)
vorbereiten âmâda kardan
vorgestern parêrûz
vorhaben qaßd dâschtan
vorher qablan, ßâbeq
vorläufig mauqatê
Vormittag qabl az zohr
Vorname nâme aßlê
Vorschlag pêschnehâd
vorschlagen
    pêschnehâd kardan
Vorsicht ehtyât
vorsichtig mohtât, bâ deqat
Vorspeise ghezâ-ye pêschakê
Vorstand hay'hate raheßa
vorstellen (jemanden)
    mo'arêfê kardan
vorstellen (sich) bâwar kardan
Vorteil sûd, fâyda
Vorwahlnummer kod nambar
vorwärts ba pêsch
vorzüglich fauq-ol-'âda

W

wachsen roschd kardan
Wagenheber dschag-e môtar

Waggon dabe rêl, waagune rêl
Wahl entechâb
wählen (politisch)
    entechâb kardan
wählen (Telefon) dâyer kardan
wahr doroßt
während dar dschêryân-e
Wahrheit wâqe'yat
wahrscheinlich ehtemâlan
Währung pûl
Wald dschangal
Wand dêwâr
wann kay, tsche waqt
Ware dschens, matâ'
warm garm
warnen achtâr dâdan
Warnung achtâr
warten montazer bûdan
warum tscherâ
was tsche
Waschbecken daßtschoy
Wäsche kâlâ-ye schoßtanê
waschen schoßtan (schüy)
Wäscherei choschka scho'ê
Wasser âb
Wasserfall âbschâr
Wasserhahn schêrdân-e âb
Watte pachta, ponba
WC taschnâb
Wechselgeld pûl-e chord
Wechselkurs
    qêmate tabâdole as'âr
wechseln tabdêl kardan
Wechselstube ßarâfê
wecken bêdâr kardan
weder na, ne
Weg râh
wegen ba châtere
weggehen dûr raftan, raftan
wehtun dard kardan
weich narm, za'êf
weil zerâ, tschünke
weinen gêrya kardan
weiß ßafêd

Wörterliste Deutsch – Dari

weit dūr
weitermachen edâma dâdan (deh)
welch kodâm
Welle maudsch
Welt donyâ
wenig kam
wenn (als) waqteke
wenn (falls) agar
werden schodan
werfen andâchtan (andâz)
Werkstatt warkschâp
Werktag rūz-e kâr
Werkzeug afzâr-e kâr
Wert arzesch
wertvoll bâ arzesch
Weste wâßkat
Westen gharb
Wetter hawâ
Wettkampf moßâbeqa
wichtig mohem
widersprechen rad kardan, mochâlefat kardan
widerstehen moqâwomat kardan
wie tschetor, tsche gūna
wieder dobâra
wiederholen tekrâr kardan
wiegen wazn kardan
wieso tscherâ
Willkommen chosch âmadēd
Wind bâd
Windschutzscheibe schēsche ßēte motar
winken eschâra namūdan
Winter zemeßtân
wirklich wâqe'an
Wirtschaft eqteßâd
wissen dâneßtan (dân), fahmēdan (fahm)
Wissenschaft 'elm
Witz fakâhē, latēfa
Woche hafta
Wochenende âchere hafta
Wochentag rōz-e hafta
wohnen ßokūnat kardan, zendagē kardan
Wohnung châna
Wolke abr
Wolle paschm
wollen châßtan (châh)
Wort loghat; kalema, qaul
Wörterbuch dekschēnarē, ketâb-e loghat
wunderbar bēßyâr 'âlē
Wunsch ârozo
wünschen ârozo kardan
Wurst ßâßetsch
Wüste dascht, ßahrâ
wütend chaschmgēn

Z

zäh schach, ßacht
Zahl 'adad
zahlen pardâchtan (pardâz)
zählen schomordan (schmor)
zahlreich mota'aded
Zahn dandân
Zahn ziehen dandân kaschēdan (kasch)
Zahnarzt dâktar-e dandân
Zahnbürste borß-e dandân
Zahnpasta kerēm-e dandân
Zahnschmerzen dard-e dandân
Zange palâß, anbūr
zart nâzok
Zehe angoschte pây
Zeichnung naqsch
zeigen neschân dâdan (deh)
Zeit waqt
Zeitung achbâr
Zelt chayma
Zentrum markaz
zerbrechen pârtscha schodan
Zeuge schâhed

Ziege boz
Ziegelstein cheschte pochta
ziehen kasch kardan
Zielort mahal-e hadaf
Zigarette ßegret
Zigarre ßēgâr
Zoll gomrok
zornig chaschmgēn
zu (+ Adjektiv) bēßyâr
zu (Präp.) ba, ba tarafe
zu Fuß pyâda
Zubereitung âmâdagē
Zucker būra, schakar
zuerst awal
zufrieden râzē
Zug tren
Zuhause dar châna
zuhören gosch dâdan (deh), schonēdan (schnaw)
zum Beispiel bataure meßâl
zumachen baßtan (band)
Zündkerze palak-e motar
Zunge zabân
zurück ba 'aqeb
zurückgeben paß dâdan
zurückhaltend mohtât, goschagēr
zurückkehren bar gaschtan (gard)
zusammen madschmo'an, bâ ham, yakdschâ
Zusammenhang ertebât
zustimmen qabūl kardan, tawâfoq kardan
Zweig bachsch, qesmat
zwingen madschbūr kardan
zwischen bayn, waßat

yak ßad o pindscha o nū 159

Wörterliste Dari – Deutsch

Wörterliste Dari – Deutsch

'

'adad Zahl
'âdat Gewohnheit
'âdat dâdan (deh)
  gewöhnen, sich
'âdate mâhwâr Menstruation
'âdê; standard normal
'âdelâna gerecht
'adschala kardan beeilen, sich
'adschêb merkwürdig,
  erstaunlich
'adschêb-o-gharêb seltsam
'âdschel dringend; eilig
'afwa kardan verzeihen
'ainak Brille
'akß Bild, Foto
'akß gereftan (gîr)
  fotografieren
'alâmat Marke
'alâqa Lust, Interesse
'alâqa dâschtan
  interessieren für, sich
'alâwatan dazu
'âlê ausgezeichnet,
  großartig, super!
'amalyât Operation
'amdan absichtlich
'âmyâna Dialekt
'âqebat Folge
'âqel vernünftig
'arâda Rad
'araq kardan schwitzen
'arêz breit
'arôßê Heirat
'arôßê kardan heiraten
'arz kardan anzeigen, jmd.
'âscheq verliebt
'âscheq schodan
  verlieben, sich
'atr Parfüm

'ayâdat kardan
  besuchen, jmd.
'âyed Einkommen
'aynak forosch Optiker
'aynak-e âftâbê Sonnenbrille
'aynak ßâz Optiker
'azâb Schmerz
'azala Muskel
'ebâdat Gebet
'ebâdat kardan beten
'elat Ursache
'elm Wissenschaft
'ewaz Ersatz
'obûr kardan überqueren
'omûmê allgemein
'ozw Mitglied

A

â'êna Spiegel
a'ma Tante
a'qêda Glaube
a'qêda dâschtan glauben
a'tâ kardan verleihen
âb Wasser
âb bâzê kardan schwimmen
âbla Blase (Wunde)
âb-o-hawâ Klima
abr Wolke
abreschâm Seide
âbschâr Wasserfall
achbâr Zeitung
âcherê letzte
âchere hafta Wochenende
achtâr Warnung
achtâr dâdan warnen
âdraß Adresse
âdschel Not
âftâb Sonne
âftâb zadagê Sonnenstich

afzâr-e kâr Werkzeug
agar wenn (falls)
âhan Eisen; Metall
âhangar Schmied
âheßta langsam
ahmaq dumm
akßaran meist
alâscha Kiefer
albata doch
alkol Alkohol
âlmân Deutschland
âlmâni Deutsch (Sprache);
  Deutsch(e,r)
almârê Schrank
almâßak Blitz
âlûbâlû Kirsche
âmâda fertig
âmâda kardan vorbereiten
âmâdagê Zubereitung
âmadan kommen
amânat dâdan (deh)
  leihen, verleihen
ambôlânß Krankenwagen
ameq tief
âmer Chef
amnêyat Sicherheit; Sicherung
âmochtan (âmoz) lernen
amr kardan befehlen
anbûr Zange
andâchtan (andâz) werfen
andâza kardan messen
ândschâ da , dort
andschâm Schluss-
angoscht Finger
angoschte pây Zehe
angûr Traube
ânwaqt damals
aprel April
âqâ Herr
ârâm bequem, ruhig, gemütlich
ârâmgâh Friedhof

Wörterliste Dari – Deutsch

ârâm schodan entspannen, sich
ârâmê Ruhe
ârendsch Ellbogen
ârozo Wunsch
ârozo kardan wünschen
arzân billig, preiswert
arzesch Wert
âschnâ Bekannte(r)
âschpaz Koch
âschpazchâna Küche
aßabânê nervös
âßân leicht (nicht schwierig)
âßmân Himmel
aßp Pferd
âßtên Ärmel
âtesch Feuer, Brand
awal erst, zuerst
âwardan (âwar) holen; bringen
âwâz Lied
âwâz chândan (chân) singen
âyâ ob
az ab (Ort/ Zeit); aus; von
az daßt dâdan (deh) verlieren
az tarêq-e mittels, durch
âzâd frei

B

ba nach (Richtung); zu; an
bâ mit
ba 'aqeb zurück
ba 'ewaze anstatt
bâ adab höflich
bâ ândschâ dorthin
bâ arzesch wertvoll
ba châtere wegen
ba daßt âwardan (âwar) bekommen
ba donbâl hinter
ba ên châter darum, deshalb
ba etmenân sicherlich
bâ deqat vorsichtig
ba ghair-e ausgenommen
bâ ham zusammen
ba har sûrat auf jeden Fall
bâ kamâle mayl gern
ba komak-e mittels
bâ motar gozaschtan (gozar) vorbeifahren
ba pêsch vorwärts
ba schomûl inklusive
ba tarafe zu (Präp.)
ba taure dêgar anders
ba tschaschm gern
bâ wodschûdê ke obwohl
bâ wüdschûde trotz
bâ wüdschûde ân ham trotzdem
ba'd az nachdem
ba'd az ân danach
ba'd az zohr Nachmittag
ba'dan dann
ba'ze einige, manch
ba'ze auqât manchmal
bachsch Abteilung; Zweig
bachschêdan (bachsch) verzeihen
bachschesch Trinkgeld
bad schlimm, schlecht
bâd Wind
badan Körper
badbachtê Elend
bâdpaka Ventilator
badscha um (zeitl.)
bâgh Garten
baghal kardan umarmen
bahâna Ausrede
bahâr Frühling
bahr Meer
bakß Koffer, Gepäck
bâlâ nach (Zeit); oben
bâlâ-ê obere
bâlâ schodan einsteigen, klettern
balad bûdan auskennen, sich
bâlâposch Mantel
bâlâ-ye über (örtl.)
bale ja
bâlêdan (bâl) prahlen
bâlescht Kissen, Kopfkissen
bâm Dach
bâmâne chodâ tschüss
bamoqâêßa als (Vergleich)
bânat Motorhaube
band Gurt
bandâdsch Bandage
bandar Hafen
band-e bût Schnürsenkel
bânk Bank (Geld)
baqâyâ rückständig
bâqê übrig
bar über (örtl.)
bar 'alâwa außerdem
bar châßtan (chêz) aufstehen
bar gaschtan (gard) zurückkehren
bâr Gepäck
bâr kardan laden
barâbar bûdan passen
bârân Regen
barâ-ye für
bârêdan (bâr) regnen
bârêk schmal
bâresch Regen
barf Schnee
barf bârêdan (bar) schneien
barfpâk-e motar Scheibenwischer
barg Blatt (Baum)
bargak Blättchen (Tabak)
bargascht Rückfahrt
barnâma Programm; Plan
barq Strom
barqê Elektriker; elektrisch
bâschenda Einwohner
baß Bus; genug
baßta geschlossen
baßta bandê kardan verpacken
baßtan (band) binden; einschließen, schließen,

Wörterliste Dari – Deutsch

zumachen; anschnallen
baßta kardan anschnallen
bataure meßâl zum Beispiel
batscha Sohn
bâwar kardan vorstellen (sich)
bâyad (+Konjunktiv) müssen
bayke ßar-e schâna Rucksack
bayn zwischen
bayn-ol-melalê international
bayraq Flagge
bâyßkel Fahrrad
bâz offen
bâz budan geöffnet
bâz kardan öffnen
bâzê Spiel
bâzê kardan spielen
bâzû Arm
bâzûband Armband
bê gonâh unschuldig
bê had unbegrenzt
bê hûda gap zadan (zan) quatschen
bê ßabrê Ungeduld
bê tafâwot egal, gleichgültig
bêdâr kardan wecken
bêdâr schodan aufwachen
bedûn-e ohne
bedûn-e zang rostfrei
begâna fremd
bêhûsch bewusstlos, ohnmächtig
bêl Schaufel
bêlar Fass
bel âchera schließlich
bêma Versicherung
benâ bar în also
bênê Nase
berahna nackt
bêrûn draußen
beryân kardan braten
beryân schoda geröstet
beschqâb Teller
beßtar-e ßafarê Schlafsack
bêßyâr viel; zu (+ Adjektiv)

bêßyâr 'âlê wunderbar
betrê Batterie
bochâr Ausschlag
bochârê Ofen
bodscholake pây Knöchel
boêdan (bûy) riechen
boland hoch, höchst-
boland kardan heben, aufheben
bolandê Höhe
bordsch Turm
borêdan (bor) schneiden
borêdagê, boresch Schnitt
borß Bürste
borß-e dandân Zahnbürste
borß-e rêschkalê Rasierpinsel
borût Schnurrbart
boschka Fass
bôßa Kuss
bôtal Flasche
boz Ziege
bozorg groß, riesig
bozorgê Größe
brêk Bremse
brêk gereftan (gîr) bremsen
bûdan sein
bûra Zucker
bût Schuh
bûy Geruch
bûy-ye bad dâdan (deh) stinken

C

châb Schlaf
chabar Nachricht
chabar dâdan (deh) berichten
châbêdan (châb) schlafen
châhar Schwester
châhesch Bitte
châhesch kardan bitten
châla Tante
chalâß fertig

châlê leer
chalêdsch Bucht
châleß echt
chalta Tüte, Tasche
chalte palâßtêkê Plastikbeutel
châm roh
châmosch kardan ausmachen (Licht)
châna Haus; Wohnung
chanda âwar lustig
chândan (chân) lesen
chandaq Sumpf
chandêdan (chand) lachen
châr Dorn
charâb schlecht; kaputt; faul (Obst)
charâb schodan verderben
charâba Ruine
chârêdan (châr) jucken
charêdan (char) kaufen; einkaufen
châredsch Ausland; außen
châredsch az außerhalb
châredsch kardan rauslassen
châredschê Ausländer(in); ausländisch
chaschm Ärger
chaschmgên wütend, zornig
chaßta kon langweilig
chaßta müde
châßtan (châh) wollen
chat Brief; Linie
chatar Gefahr
chatarnâk gefährlich
châtema Ende, Schluss-
chatm kardan aufhören, beenden
chayât Schneider
chayma Zelt
chazân Herbst
chedmat Service
cheschte pochta Ziegelstein
chêyâl Gedanke
chêz zadan (zan) springen

Wörterliste Dari – Deutsch

chod selbst
chodâ Gott
chodâ hâfez tschüss
chodâhâfezê kardan verabschieden, sich
chodkâr Kugelschreiber
chonak chordan (chor) frieren
chordan (chor) essen
chorûdsch Ausgang
chôsch âmadan (ây) gefallen
chosch âmadêd Willkommen
chosch bûdan froh sein
chôsch dâschtan gern haben
choschbacht glücklich
choschk trocken
choschk kardan trocknen (etwas)
choschk schodan trocknen (trocken werden)
choschka scho'ê Wäscherei
choschkßâlê Dürre
choschmaza schmackhaft
choßüßßn vor allem
chûb gut
chûk Schwein
chûn Blut
chûn schodan bluten

D

da'wâ Anklage; Streit
da'wâ kardan streiten
da'wat Einladung
da'wat kardan einladen
dabe rêl Waggon
dâchel drinnen, innen
dâchel kardan einführen, stecken
dâchel schodan hereinkommen
dâchel schodan hineingehen
dâdan geben
daftar Büro; Behörde

dâgh Fleck; heiß
dahan Mund
dâktar Arzt
dâktar-e dandân Zahnarzt
dâktar-e haywânât Tierarzt
dalêl Grund
dalil goftan (gûy) argumentieren
dâman Rock
dâna Stück
dandâhâ-ye maßnû'ê Gebiss
dandân Zahn
dandân kaschêdan Zahn ziehen
dânestan (dân) wissen
daqêq perfekt; genau
daqêqa Minute
dar im, in (örtlich, zeitlich), an
darâmad Einkommen
dar bâra-ye über
dar châna Zuhause
dar dschêryân-e während
dar haqeb hinter
dar haqêqat eigentlich
dar nazdêk Nähe
dar ßaf entezâr kaschêdan Schlange stehen
dara Tal
daracht Baum
daradscha Grad
daradsche harârat Temperatur
darbâr Hof
darchâßt Antrag
darchâßt dâdan (deh) beantragen
dard Schmerz
dard kardan schmerzen, wehtun
dard-e dandân Zahnschmerzen
darde golû Halsschmerzen
dardsch kardan registrieren
darêtscha Ventil
darra-ye tang Schlucht

darß Unterricht
darß dâdan (deh) unterrichten
darwâza Tür, Tor
daryâ Fluss
dâsch Herd
dascht Wüste
dâschtan haben
daßt Hand
daßtgêr Griff
daßtmâl Schal; Taschentuch
daßtpâk Handtuch
daßtschoy Waschbecken
dastgêr-e darwâza Türklinke
daur chordan (chor) abbiegen
daur dâdan (deh) biegen, drehen, umdrehen
daure 'amâlê Praktikum
dawâ Medikament, Tablette
dawâchâna Apotheke
dawâ-ye zede qabzêt Abführmittel
dawêdan (daw) laufen, rennen
dâya Hebamme
dâyêr kardan wählen (Telefon)
dâyrawê rund
dêdan (bên) besichtigen, anschauen
dêdan (bin) sehen, schauen
dêg Topf
dêgar sonst; andere; nächste
deh Dorf
dehqân Bauer
dekschênarê Wörterbuch
delbadê Übelkeit
derêwar Fahrer
deßembar Dezember
dêwâna verrückt
dêwâr Mauer, Wand
dêwât Tinte
dêzal Diesel
dîn Religion
dîrûz gestern
dobâra wieder
dochtar Mädchen; Tochter

yak ßad o schaßt o ße **163**

Wörterliste Dari – Deutsch

dochûl Eingang, Eintritt
dokân Laden, Geschäft
dokma Knopf
donyâ Welt
dorochschêdan (dorchsch) leuchten
doroßt wahr, recht, richtig; genau
doroßt kardan regeln; verbessern
dorûgh goftan (gûy) lügen
doschanbe Montag
dôßt Freund
dôßtê Freundschaft
dozd Dieb/in
dozdê schoda gestohlen
dozdêdan (dozd) stehlen, rauben
dschâ Ort, Platz
dschabazâr Sumpf
dschadêd neu
dschag-e môtar Wagenheber
dschahat Richtung
dschâhâ-ye dêdanê Sehenswürdigkeit
dschâkat Pullover
dschâla bârêdan (bar) hageln
dschâleb interessant
dscham'e kol Summe
dscham' kardan sammeln
dschampar Jacke
dschang Krieg
dschangal Wald
dschangêdan (dschang) kämpfen
dschantarê Kalender
dschanwarê Januar
dscharâh Chirurg
dschârê schodan fließen
dscharêma Strafe
dschaschn Fest
dschaschn gereftan (gîr) feiern
dschawâb Antwort

dschawâb dâdan (deh) antworten
dschawân jung
dschawêdan (dschâw) kauen
dschây Stelle
dschazâ dâdan (deh) bestrafen
dschazêra Insel
dschêb Tasche
dschebrân Entschädigung
dschegar Leber
dschelaugêrê kardan vermeiden
dschempeng-e motor Stoßdämpfer
dschenâyat Verbrechen
dschenâytkâr Verbrecher
dschens Ware
dscherâb Socken
dscheryân Strömung
dscheßm Körper
dschodâ kardan trennen
dschoft ein paar
dscholây Juli
dschold Haut
dschom'a Freitag
dschomla Satz
dschonûb Süden
dschor'at kardan trauen, sich
dschora ein paar
dschorm Verbrechen
dschôrnâlêßt Journalist
dschostüdscho kardan suchen
dschûn Juni
dschûr kardan machen; bauen; reparieren
dschûß Saft
dschûy Bach
dûd Rauch
dûr fern, weit, lang (Entfernung)
dûr kardan entfernen
dûr nomâ Aussicht
dûr raftan weggehen

dûrbên Fernglas
düßt dâschtan lieben

E

e'lâ kardan lösen; öffnen
e'temâd Vertrauen
e'temâd kardan vertrauen
edâma dâdan (deh) weitermachen
edâra Behörde
edrâr Urin
edschâza Erlaubnis, Genehmigung
edschâza dâdan (deh) erlauben
edschâza dâschtan dürfen
edschâza na-dâdan verbieten
ehßâß Gefühl
ehßâß kardan fühlen, sich
ehtemâlan wahrscheinlich
ehtyât Vorsicht
eltehâb Entzündung
êmân Glaube
emkân pazêr möglich
emrûz heute
emtehân Prüfung
emtehân kardan kosten (probieren), ausprobieren
emzâ Unterschrift
emzâ kardan unterschreiben
endschen Motor
endschenyar Ingenieur
enerdschê Energie
englêßê Englisch
enschâllah hoffentlich
enßân Mensch
entechâb Wahl
entechâb kardan aussuchen, wählen (politisch)
enteqâm Rache
entezâr dâschtan erwarten
entezâr kaschidan (kasch)

Wörterliste Dari – Deutsch

anstehen (Schlange)
eqteßåd Wirtschaft
ertebât Zusammenhang; Verbindung
ertefâ' Höhe
eschâra Blinker
eschâra namûdan winken
eschq Liebe
eschtebâ kardan irren; versprechen, sich
eschtebâh Fehler
eschtereng Lenkrad
eßhâl Durchfall
eßlâh kardan korrigieren, verbessern
êßtâdan (êßt) stehen
eßte'mâl kardan nutzen, benutzen, gebrauchen
eßtefâda kardan nutzen
eßtefrâq kardan übergeben, sich
êßtgâh Haltestelle, Station
etâhafa Verband
etâhdya-ye ûrûpâ-ê Europäische Union
etefâq oftâdan (oft) geschehen
etfâya Feuerwehr
etlâ' dâdan (deh) benachrichtigen
ezâfa az über (zeitl.)
ezdehâm-e motarhâ Stau

F

fa'âleat kardan funktionieren
fâbrêka Fabrik
fâdscha kaschêdan (kasch) gähnen
fahmêdan (fahm) merken; verstehen; wissen
fakâhê Witz
faldsch Lähmung; Schlaganfall
fâltû Ersatz
fâmêl Familie
faqat nur
faqêr arm
faqr Elend
farâmôsch kardan vergessen
farâr kardan fliehen
fardâ morgen
farêb dâdan betrügen
farhang Kultur
farmâyêsch Bestellung
farmâyêsch dâdan (deh) bestellen
farsch Teppich
fâßed schodan verderben
fâßela Entfernung
faßl Jahreszeit
fauqol'âda super, vorzüglich
fauran sofort
faut kardan sterben
fâyda Vorteil
fayr kardan schießen
febrwarê Februar
fekr Gedanke; Meinung; Idee
fekr kardan denken; meinen
felm Film
fereßtâdan (fereßt) schicken, senden
feschâr Druck
feschâr dâdan drücken
feschâr-e chûn Blutdruck
form Formular
forôschgâh Kaufhaus
forßat Gelegenheit
forûchtan (forûsch) verkaufen
fotbâl Fußball
fyûs-e mêtâr-e barq Sicherung (elektr.)

G

gadâ Bettler
gâdê Kutsche
gap zadan (zan) reden, sprechen
garâtsch Garage
gard Staub
gardan Hals
gardanband Anhänger (Schmuck)
garm warm
garm kardan aufwärmen
garmê-ye schadêd Hitze
gatsch Gips
gâu Rind
gâz Gas
gazêdan (gaz) stechen
gelâna-ye petrôl Benzinkanister
gelâß Glas (Trink-); Kirsche
gêr tabdêl kardan schalten (Auto)
gerâm Gramm
gerd rund
gêr-e motar Gang (Auto)
gereftan (gîr) nehmen
gêrya kardan weinen
ghalat falsch
ghalat kardan versprechen, sich
ghalatê Fehler
ghâleban oft
ghamgên traurig
ghanê reich
ghârat kardan rauben
gharb Westen
ghayr az ân sonst
ghayr-e wâbaßta unabhängig
ghezâ Essen, Nahrung, Speise
ghezâ âwardan (âwar) servieren
ghezâ-ye pêschakê Vorspeise
ghobâr Nebel
goftan (gûy) sagen
goft-o-gû Gespräch, Unterhaltung
gogerd Streichholz

Wörterliste Dari – Deutsch

gol Blume; Tor (Ballsport)
golâbo rosa
golâ-ê Kurve
golê Tablette
gol-e golâb Rose
golû Hals
gom schodan verschwinden
gomrok Zoll
gonâh Schuld
gorda Niere
gorêchtan (gorêz) fliehen
goreßnagê Hunger
gorûp Glühbirne; Gruppe
gosch Ohr
gosch dâdan (deh) zuhören
goschagêr zurückhaltend
goschê Hörer (Telefon)
gôschê-ye têlêfun Telefonhörer
goschwâra Ohrring
gozâschtan (gozâr) legen, stellen; passieren
gozaschtândan verbringen

H I

had-e aqal mindestens, Minimum
hâdeßa Ereignis
hafta Woche
hal kardan lösen (Problem)
hâlâ jetzt
hâlat Lage
halqa Ring
ham auch
hama alle (Ding/Person), alles
hamâm Badezimmer
hamâm kardan baden
hamdardê Mitleid
hâmela schwanger
hamêscha immer
haml kardan tragen
hamla Überfall
hamla kardan angreifen

haml-e qalbê Herzanfall
hamrâê kardan begleiten
hamrâh mit
hamßâya Nachbar
hamwâr flach
hanûz noch
haq Recht
haqêqê echt
har jede
har daf'a jedes Mal
har waqt jederzeit
hardschâ überall
harf Buchstabe
hargez nie, niemals
haschara Insekt
haßâß allergisch
hatâ sogar
hawâ Luft; Wetter
hawâ-ye martûb schwül
hawâla Scheck
hay'hate rahêßa Vorstand
hayf schade
haywân Tier
hayz Menstruation
hedschâ kardan buchstabieren
hefz-ol-seha Hygiene
hekâyat kardan erzählen
hemâyat Schutz
heßa Teil
heßâb kardan rechnen, berechnen
heßâb kardan rechnen
heßâb-e bânkê Konto
hêtsch nichts; kein
hetsch kaß niemand
hêtsch tschêz nichts
hêtschwaqt niemals
hôdschûm Sturm; Überfall
hokûmat Regierung
honar Kunst
hoqûq Jura
hôtal Hotel
hûschêyâr klug

în dies
îndschâ hier
institût Institut

K

kabâb kardan braten
kâch Palast
kadschrâhê Umweg
kâfê ausreichend, genug
kâfê Café
kâfê budan genügen
kâghaz Papier
kâghaze taschnâb Toilettenpapier
kâhû Kopfsalat
kâkâ Onkel (väterlicherseits)
kala Schädel
kâlâ Kleider
kalân groß
kalatsch Kupplung
kâlâ-ye schoßtanê Wäsche
kam kaum, wenig
kam schodan vermindern
kam 'arz schmal
kamâ'ê kardan gewinnen
kamar Rücken
kamarband Gürtel
kame ein bisschen
kâmel perfekt
kâmelan ganz (völlig)
kamra Fotoapparat
kamyâb selten
kandan (kan) graben; hacken
kanßart Konzert
kâr Arbeit, Stelle
kâr kardan arbeiten
kârgar Arbeiter(in)
kârmand Angestellte(r); Beamte(r)
kârte dochûl Eintrittskarte
kârt-e têlêfun Telefonkarte
kasch kardan

Wörterliste Dari – Deutsch

abschleppen; ziehen
kâßa Schüssel
kaßâfât Müll
kaße jemand, man
kaßêf schmutzig
kaßr Bruch
kâtûlêk katholisch
kautsch Sofa
kay wann
kayfyat Qualität
ke dass
kebal Kabel
kebale barq Stromkabel
kebal-e tschârtsch Startkabel
kelêd Schlüssel
kelkên Fenster
kêlo metr Kilometer
kemyâ Chemie
kenâr Rand
kerâya dâdan (deh) vermieten
kerâya dehê Vermietung
kerâya gereftan (gîr) mieten
kêrêm barâ-ye hefâzat az âftâb Sonnencreme
kerêm-e dandân Zahnpasta
keschtê Boot
kêschtê Schiff
keß Beruf
ketâb Buch
ketâb-e loghat Wörterbuch
kod nambar Vorwahlnummer
kodak Kind
kodâm welch
kodâm kaße irgendein
kôheßtân Gebirge
kohna alt (nicht neu)
kol alles
kolâh Mütze
koland zadan (zan) hacken
koltûr Kultur
komak Hilfe
komak kardan helfen
kondsch Ecke
kondschkâw neugierig

kontroll kardan kontrollieren
kôrß Kurs
kortê bârân Regenjacke
koscheschê fleißig
koschtan (kosch) töten
kotâh kurz
kotschak klein
kredêtkârt Kreditkarte
kûh Berg
kûschesch kardan versuchen

L

la'natê verdammt
lab Lippe
lachschêdan (lachsch) rutschen; ausrutschen
lachschenda rutschig
lâf zadan (zan) prahlen
lâghar dünn
lahza Moment
laka Fleck
lamß kardan berühren
lamß kardan fühlen, etwas
lârê LKW
laschm glatt
latêfa Witz
lauha Schild
lawâzem-e châna Möbel
lâytar Feuerzeug
lazêz schmackhaft
lebâß Kleider, Kleidung
lebâß kaschêdan (kasch) ausziehen
lehâf Decke (Bett)
lenz-e tschoschm Kontaktlinse
leßân Sprache
leßt Liste
leßte ghezâ Menü
lezat bordan (bar) genießen
lo'âb Soße
loghat; kalema Wort
lol dâdan (deh) rollen

lôla Rohr
loqma Bissen
lotfan bitte
lotsch nackt

M

ma'âsch Lohn
ma'âweza Tausch
ma' lûmât Auskunft
ma'dan Mine (Bergwerk)
ma'lûmât Information
ma'mâr Architekt
ma'mûlan gewöhnlich, normalerweise
ma'qûl vernünftig
ma'zerat Entschuldigung
machlût kardan mischen
machßûßan besonders
mâda Material, Stoff
mâdar Mutter
madschbûr kardan zwingen
madschmô' gesamt; Summe
madschmo'an zusammen
madschrâ Ventil
mafzal-e daßt Handgelenk
maghâra Höhle
maghâza Geschäft (Laden)
maghrûr arrogant
maghz Gehirn
mâh Monat
mahal Platz
mahal-e hadaf Zielort
mahbaß Gefängnis
mâhe me Mai
mâhêgêrê Angel
mahkam fest
mahkama Gericht (Amt)
mahlûl Lösung
mahßûl Gebühr
mahtâb Mond
makân Ort, Platz
maktab Schule
maktûb Brief

Wörterliste Dari – Deutsch

mâlêdan (mâl) reiben
mâlek Besitzer
mâlta Orange
mâlya Steuer
mâmâ Onkel (mütterlicherseits)
mamlakat Land
mamnû verboten
mamnû' ßachtan (ßaz) verbieten
mâmûr Angestellte(r); Beamte(r)
mâmûryate pûlêß Polizeistation
mândan (mân) auflegen (Telefon); bleiben; stellen, legen; erlauben
manfûr ekelig, hässlich; verdammt
manteqa Gegend, Region
manzel Stockwerk
manzera Aussicht
maqâm Stelle
maqbûl schön
mâr Schlange
maraz Krankheit
mard Mann
mardom Leute, Volk
marêz krank
marêzi-ye schakar Diabetes
marg Tod
marham Salbe
markaz Zentrum
markaz-e schahr Stadtzentrum
markazgarmê Heizung
mârket Markt
martûb feucht
mâschên Maschine; Motor
mâschên-e rêsch Rasierapparat
maschghûl budan beschäftigt sein
maschhûr bekannt, berühmt
maschwara dâdan raten
maß'ûl verantwortlich

maßâbêt Infektion
maßâj Massage
maßâna Blase (Harn-)
maßâwê gleich
maßdsched Moschee
maßdûd geschlossen
maßehê christlich
maßêr Pfad
maßlak Beruf
maßlehat Angelegenheit
maßraf kardan ausgeben (Geld)
maßrûf besetzt
maßrûr lustig
matâ' Ware
maudsch Welle
mauqatê vorläufig
mauqe' Gelegenheit
mawâd-e mochader Droge
mawâfeq budan einverstanden sein; passen
maydâne hawâê Flughafen
mâye' Flüssigkeit
mayl Lust
mâyûß enttäuscht
mazadâr lecker
mazâq Spaß, Scherz
mazre'a Feld (Acker)
me'da Magen
mêch Nagel (Werkzeug)
mechânêk Mechaniker
mehmân Besuch; Besucher(in), Gast
mehmândâr Gastgeber(in)
mehrabân freundlich, nett
mekrôb Bakterie
mêkrowell Mikrowelle
meqdâr Menge
metr Meter
mêwa Frucht
mêz Tisch
mêzân-ol-harâra Thermometer
mêz-e neweschtan Schreibtisch

mo'afaq schodan Erfolg haben
mo'allem Lehrer(in)
mo'arefê kardan bekannt machen, vorstellen (jemanden)
mochâlefat kardan widersprechen
mod Mode
modêr Direktor
modscharad ledig
modschrem Verbrecher
moftchôr Ungeziefer
mohâfeza kardan aufbewahren
mohâfezat kardan bewahren
mohaßel Student
mohem wichtig
mohêt Umgebung
mohêt-e zêßt Umwelt
mohtât vorsichtig, zurückhaltend
molâqât kardan treffen
molâyem angenehm
molkêyat Eigentum
momken möglich
monâqescha Streit
monâqescha kardan streiten
monâßeb angemessen; preiswert
monazam ordentlich
montazer bûdan warten
moqâbel gegen; gegenüber von
moqadaß heilig
moqâwomat kardan widerstehen
morâdsche'at Rückfahrt
morda tot
mordan (mîr) sterben
morgh Vogel
moschâbe gleich
moschkel Problem; hart; schwer (schwierig)
moshel Abführmittel

yak ßad o schaßt o hascht

Wörterliste Dari – Deutsch

moßâbeqa Wettkampf
moßâfer Reisende(r), Passagier
moßen alt (nicht jung)
mößêqê Musik
moßtaqêm direkt; geradeaus
moßtaqel selbstständig
moßtarêh gemütlich
mota'aded zahlreich
mota'aßefâna schade
motachaßeß Experte
motahel verheiratet
môtar Auto
môtarßâykel Mofa; Motorrad
motawadsche ... budan
  achten auf ...
motma'en sicher
motschê Schuster
môy choschk kon Fön
mozâhem schodan belästigen, stören
mozd Lohn
môzyam Museum
müsch Maus
mûy Haar

N

na weder
nâ momken unmöglich
nâ waqt verspätet
nabât Pflanze
nabâtê vegetarisch
nachayr nein
nâchon Nagel (Körper)
nâder selten
nafrat Abneigung
nafrat dâschtan hassen
nâgahân plötzlich
nâhya Viertel, Stadtviertel
nâkâmê Niederlage
nal Rohr
nal-e chorüdsch-e gâz-e ßôchta Auspuff

nâm Name
namak Salz
namakê salzig
namaki gesalzen
namâz chândan (chân) beten
nambar palêt Nummernschild
nâme aßlê Vorname
nâmêdan nennen
nâmzâd verlobt
nân Brot; Essen
nân pochtan (paz) backen
nân-e schab Abendessen
nân-e tschâscht Mittagessen
nânwâê Bäckerei
nâomêd enttäuscht
naqsch Zeichnung
naqscha Karte, Landkarte, Plan
naqsche mahal Platzkarte
nârendschê orange
narm weich
narß (hamschêra)
  Krankenpfleger(in)
natêdscha Ergebnis, Folge
nau neu
nâwaqt spät
nawâßa Enkel(in)
nazar dâschtan meinen
nazarya Meinung, Idee
nazdêk nah
nazdek-e bei
nazdêkbên kurzsichtig
nazm dâdan (deh)
  organisieren
nâzok zart
ne nein; nicht; weder
nedschât dâdan (deh) retten
negarân büdan sorgen, sich
negarânê Sorge
nêkar Unterhose
nêma halb
nerch Preis
neschân dâdan (deh) zeigen
neschânê Mal
neschaßta büdan sitzen

neschaßtan (neschin) setzen
neßf halb
neweschtan (newêß)
  schreiben
nochße (âschpazê)
  Rezept (Koch-)
nochße (dâktar) Rezept (Arzt)
nofüß Bevölkerung
nomâyesch Aufführung; Ausstellung
nomra Nummer
noqra Silber
noqta Punkt
noschêdan (nosch) trinken
nôschêdanê Getränk
noubat Reihe

O

oftâdan (oft) fallen
oktobar Oktober
omêd aßt hoffentlich
omêd dâschtan hoffen
ordü Armee
oßtochân Knochen
otâq-e châb Schlafzimmer
otâq-e do nafarî
  Doppelzimmer
otrêsch Österreich
otrêschê Österreicher(in)

P

pâ Bein; Fuß
pâ'ên niedrig
pâ'ên unten
pachta Watte, Baumwolle
padar Vater
pâen schodan aussteigen
pahlû-ye neben
pâk sauber
pâk kardan reinigen

Wörterliste Dari – Deutsch

päk kardan sauber machen
päk kårê Reinigung
päkat Päckchen
päkat Paket
päkê-ye rêsch Rasierklinge
palak Stecker
palak-e motar Zündkerze
paläß Zange
paläßtar Klebeband; Pflaster (Wunde)
paläßték Plastik
pamp Pumpe
pandsch schanbe Donnerstag
pandscha Gabel
pänzdah daqêqa Viertel(stunde)
påra kardan, påra schodan reißen
pardåchtan (pardåz) bezahlen
parenda Vogel
parêrûz vorgestern
pärk Park
pärk kardan parken
pärtscha Scheibe
pärtscha schodan zerbrechen
partscham Flagge
parwaresch Erziehung
parwåz Flug
paschm Wolle
paß az ånke nachdem
paß dådan zurückgeben
paß månda nachgehend (Uhr)
paß pardåchtan Rückzahlung
paßfardå übermorgen
påßport Pass, Reisepass
pay Sehne
påy Fuß
påy-e tacht Hauptstadt
pazêrå-ê Empfang
pelån Plan
penßel Bleistift
penßelpåk Radiergummi
pêr alt (nicht jung)
peråhan Hemd

pêsch vor
pêsch az pêsch voraus
pêsch kardan anbieten
peschåne Stirn
pêsch-e bei; vor
pesche kasse raftan (raw) vorbeikommen
pêschnehåd Vorschlag, Angebot
pêschnehåd kardan vorschlagen
pêschraft Fortschritt
petrôl Benzin
pêtsch Schraube
pêtsch kasch Schraubenzieher
pêtschêda kompliziert
petschkårê Spritze
pêyådarau Fußgänger
peydå kardan finden
pochta reif; gekocht, gar
pochtan (paz) kochen
podar Pulver
pof kardan aufblasen
pohantün Hochschule
pohantün Universität
pol Brücke
pomba Baumwolle, Watte
pondêda geschwollen
popanak Schimmel
por gefüllt
por voll
por kardan ausfüllen
por kardan füllen
porza Teil
porz-e fåltü Ersatzteil
pôschåndan (poschån) bedecken
posche toschak-o-lehåf Bettwäsche
pôschêdan (pôsch) anziehen
poscht Rücken
poscht-e gardan Nacken
poscht-e ßar hinten
poßpoßak kardan flüstern

poßt Schale
poßt kardan schälen
poßta chåna Post
poßt-e daracht Rinde
poßtkårt Postkarte
problem Problem
progråm Programm
pül Geld; Währung
pül-e chord Wechselgeld
pül-e naqd Bargeld
pülêß Polizei
pyåda zu Fuß
pyåda rau Bürgersteig
pyåla Tasse

Q

qabele daryåft erhältlich
qåbel-e eßtefåda nützlich
qabergha Rippe
qabl az zohr Vormittag
qabl; pêsch bevor
qablan voraus; vorher
qabreßtån Friedhof
qabül kardan annehmen, zustimmen
qadam zadan (zan) spazieren gehen
qadêmê alt (nicht neu)
qadimi antik
qafaße ßadrê Brust(korb)
qahr böse
qahr schodan ärgern, sich
qahr ßåchtan (ßåz) ärgern, jmd.
qalah Burg
qalb Herz
qålên Teppich
qånün Gesetz, Recht
qaråråd dåschtan liegen
qarêb nah
qarz rå adå namüdan Rückzahlung
qarzdår büdan schulden

Wörterliste Dari – Deutsch

qaschang schön
qâschoq Löffel
qâschoq-o-pandscha Besteck
qaßâb Metzger
qaßdan absichtlich
qaßd dâschtan vorhaben
qaßr Schloss, Palast
qât Falte
qât kardan falten
qatl Mord
qaul Wort
qawê stark
qâyda Regal
qaytschê Schere
qâzê Richter
qêmat teuer; Preis
qêmate tabâdole as'ār Wechselkurs
qeschr Schicht; Schale
qeßa Geschichte (Erzählung)
qeßmat Zweig; Teil
qeßmat gereftan (gîr) teilnehmen
qodrat Macht
qofl Schloss (Tür-)
qolf-e darwâza Türschloss
qonßolgarê Konsulat
qorbânê Opfer
qort kardan schlucken
qûtê Becher, Dose

R

ra'd Donner
ra'd-o-barq Gewitter
ra'êß-e dschomhūr Präsident
râbet-e dschenßê Sex
rad kardan absagen; widersprechen
râdyo Radio
râdyogrâfê Röntgenaufnahme
râdyogrâfê kardan röntgen
raftan (raw) fahren, gehen, weggehen
rag Vene
râh Weg, Pfad
râh-o-rawesch Art
râh râ gom kardan verirren, sich
rahbar Führer
râkeb Passagier
râket Rakete
rânenda Fahrer
rang Farbe
rang parêda blass
ranga bunt
raqßêdan (raqß) tanzen
râßan gerade
raßândan (raßân) liefern
raßêd Quittung
raßîdan (raß) ankommen, erreichen
raßmê offiziell
râßt rechts; recht
râzê zufrieden
rêchtan (rîz) gießen
refâqat Freundschaft
rêg Sand
rendsch Schraubenschlüssel
rêsch Bart
rêßmân Schnur, Seil
rêßmâne kasch kardan Abschleppseil
rêyâzê Mathematik
rêzarf kardan reservieren
rêzesch kardan erkälten, sich
rob' Viertel(stunde)
rochßatê Feiertag, Urlaub, Ferien
rôda Darm
rôd-e apandekß Blinddarm
roghan Öl, Fett
rôschan hell
roschd kardan wachsen
rô-ye auf
rôz Tag
rôza gereftan (gîr) fasten
rôzâna täglich
rôz-e hafta Wochentag
rû ba rûy gegenüber von
rûy Gesicht
rûy posch Laken
rûz-e kâr Werktag

SCH

ßâdeq fair
ßarâyat Infektion
schab Abend, Nacht
schabâhat dâschtan ähneln
schabâna abends
schach zäh; steil
schachß Person
schachßan persönlich, selbst
schachßê privat, eigen
schachß man
schafâchâna Krankenhaus
schâgerd Schüler(in)
schâhed Zeuge
schahr Stadt
schâhrâh Autobahn
schakalât Schokolade
schakar Zucker
schakl Form, Gestalt
schamâl Norden
schamâlê nördlich
schanbe Samstag
scharbat Saft
scharm âwar peinlich
scharmendok schüchtern
scharq Osten
schârwâle Rathaus
schaßte angoscht Daumen
schatrandsch Schach
schauhar Mann
schauq Lust
schâwar Dusche
schâwar gereftan duschen
schâyad vielleicht
schaytân Teufel

Wörterliste Dari – Deutsch

schekam Bauch
schekaßt Niederlage
schekâyat Beschwerde
schekâyat kardan
  beschweren, sich
schekeßtagi Bruch
schekeßtändan (schekenän)
  brechen
schenâchtan (schnâß) kennen
schenêdan hören
scherdân-e âb Wasserhahn
schêrên süß
scherkat Firma, Unternehmen
scherkat kardan teilnehmen
schêscha Glas (Material);
  Scheibe
schêsche ßete motar
  Windschutzscheibe
scho'â Strahl
scho'la Flamme
schochê Scherz
schodan werden
schomâra Nummer
schomordan (schmor) zählen
schonêdan (schnaw) zuhören
schorâ Rat
schorbâ Suppe
schorû' kardan
  beginnen, starten
schosch Lunge
schoßtan (schûy) waschen

ß

ßâ'at Stunde
ßâ'at Uhr
ßâ'têrê Vergnügen
ßabab Ursache
ßâbeq vorher, früher, damals
ßabok leicht (Gewicht)
ßabt kardan registrieren
ßâbûn Seife
ßâbûne rêsch Rasierseife

ßabza Gras
ßabzêdschât Gemüse
ßacht hart;
  schwer (schwierig); zäh
ßâchtan (ßâz)
  bilden; machen; bauen
ßachtgêr streng
ßâchtomân Gestalt;
  Bau, Gebäude
ßâda einfach
ßadâ kardan
  rufen, anrufen, jmd. (Stimme)
ßadama raßândan (raßân)
  beschädigen
ßadâ-ye boland laut
ßâdscheq Kaugummi
ßâf glatt
ßaf Reihe
ßafar Reise
ßafar kardan reisen; abreisen;
  einreisen
ßafêd weiß
ßafha Seite (Buch)
ßâha Viertel
ßâheb Besitzer
ßâheb-e scherkat
  Unternehmer
ßahêh richtig, recht
ßâhel Küste
ßahrâ Wüste
ßâket-e barq Steckdose
ßâl Jahr
ßalâm dâdan (deh) grüßen
ßâlâna jährlich
ßâl-e nau Neujahr
ßalêb Kreuz
ßalêbe ßorch Rotes Kreuz
ßâlem gesund
ßalmân Frisör
ßâmâne bâzê Spielzeug
ßamar Frucht
ßamt Richtung
ßanad Dokument
ßandoq Kiste, Kasten

ßang Stein
ßangên schwer (Gewicht)
ßangtschel Sand
ßânya Sekunde
ßar Kopf
ßar dardê Kopfschmerzen
ßar tscharchê dâschtan
  schwindelig sein
ßarâfê Wechselstube
ßarak Straße
ßarak-e yaktarafa
  Einbahnstraße
ßarbâzkon Dosenöffner
ßard kalt, kühl
ßardkon Kühler
ßar-e waqt pünktlich
ßarây Hof
ßarhad Grenze
ßarmêzê Tischdecke
ßarneschêb steil
ßarwatmand reich
ßâßetsch Wurst
ßatha Oberfläche
ßathe hamwâr eben (Adj.)
ßatle kaßâfat Mülleimer
ßâya Schatten
ße schanbe Dienstag
ßebqat kardan
  überholen (Auto)
ßêch-e kabâb Spieß
ßefârat Botschaft (dipl.)
ßefr Null
ßêgâr Zigarre
ßegret Zigarette
ßegret kaschêdan (kasch)
  rauchen
ßegretdânê Aschenbecher
ßehat Gesundheit
ßehatmand gesund
ßeka Münze
ßêl Flut
ßêlâb Überschwemmung
ßen Alter (Lebens-)
ßêna Brust (weibl.)

Wörterliste Dari – Deutsch

ßêna baghal Bronchitis
ßênamâ Kino
ßenf Klasse
ßepâß Dank
ßeport Sport
ßeptembar September
ßêr satt
ßeresch Klebstoff
ßetâj Praktikum
ßetâra Stern
ßêwêß Schweiz
ßêwêßê Schweizer(in)
ßewêtsch Schalter
ßewetsche motar Anlasser
ßinaband BH
ßiyâh schwarz
ßo 'âl Frage
ßo'âl kardan fragen
ßobh Morgen
ßobh waqt früh
ßobhâna morgens
ßochtagê âftâb Sonnenbrand
ßôchtan (ßôz) brennen
ßohbat kardan plaudern
ßokûnat kardan wohnen
ßolh Frieden
ßon'at Industrie
ßor'at Geschwindigkeit
ßor'at dâdan (deh) Gas geben
ßorch rot
ßorfa kardan Husten
ßorûd Lied
ßôzan Nadel
ßûrâch Loch
ßûrat gereftan (gîr) stattfinden
ßûrat gereftan (gîr) passieren
ßûrat-e heßâb Rechnung
ßûrên Hüfte
ßyâßat Politik
ßûd Vorteil
ßûpermârkêt Supermarkt
ßûrat Gesicht
ßûp Suppe

T, U

tâ bis, um (zu ...)
tâ ke damit
ta'adschob kardan staunen
ta'assof kardan Leid tun
ta'qêb kardan folgen, verfolgen
ta'ßêr Eindruck
ta'têl Ferien
tab Fieber
tab 'an natürlich (gewiss)
tabâdela Tausch
tabaqa Etage, Stockwerk
tabaßom kardan lächeln
tabdêl kardan tauschen, umtauschen, wechseln
tabê'ê natürlich (nicht künstlich)
tabê'yat Natur
tâbe'yat Nationalität, Staatsangehörigkeit
tâbeßtân Sommer
tabrêk goftan (gûy) gratulieren
tachfêf Rabatt
tacht Bett
tadschâwoz kardan vergewaltigen
tâdscher Händler
ta'dschob âwar erstaunlich
tafrê' Pause
tafrêh Vergnügen; Spaziergang
tafrêh kardan vergnügen, sich
tahrîk schodan aufregen, sich
tahßêl kardan studieren
takßê Taxi
talâfi Ersatz
talafoz Aussprache
talafoz kardan aussprechen
talâq dâdan (deh) scheiden lassen, sich
talâq schoda geschieden
talch bitter

tamanêyâte chosch Glückwunsch
tamâschâ kardan schauen, anschauen
tamâß Kontakt
tamâß gereftan (gîr) kontaktieren
tambal faul (träge)
tamrên kardan üben
tanafoß Atem
tanafoß kardan atmen
tanbâkû Tabak
tanbâkû foroschê Tabakladen
tanbal träge
tang eng
tanhâ allein
tânk-e têl Tankstelle
tap Badewanne
tappa Hügel
taqâ'od Rente
taqdêm kardan bieten; anbieten
taqrêban fast; etwa, ungefähr
taqßêm kardan teilen
taqwêm Kalender
tar nass
târ Faden
taraf Seite (örtl.)
tarâfêk Verkehr
tarâschêdan (tarâsch) rasieren
tarbêyat Erziehung
tardoschoma kardan dolmetschen
tardscheh dâdan (deh) bevorzugen
tardschoma Übersetzung
tardschoma kardan übersetzen (Sprache)
tardschomân Dolmetscher(in); Übersetzer(in)
târêch Datum; Geschichte (hist.)
târêch-e az bayn raftan Verfallsdatum

Wörterliste Dari – Deutsch

târêkê dunkel
tarkêb Verbindung
tark kardan verlassen
tarmêm Reparatur
tarß Angst
tarßêdan (tarß) fürchten
tarßnâk fürchterlich
tartêb dâdan (deh) regeln
tartêb kardan organisieren
tarz Art
taschakkor danke
taschakkor kardan danken
taschanodsch-e azalât Krampf
taschnâb Toilette; Badezimmer
taschwisch dâschtan
  sorgen, sich
taßâdom Unfall
taßmîm gereftan (gîr)
  entscheiden
tauhên kardan beleidigen
taußêya kardan empfehlen
tauze' Erklärung
tauze' dâdan (deh) erklären
tâwa Pfanne
tawadschû
  Achtung, Aufmerksamkeit
tawâfoq kardan zustimmen
tâwân Entschädigung
tawâneßtan (tawân) können
tawaqûf kardan anhalten
tayâra Flugzeug
tâyr Reifen
tâza frisch (Obst)
tazkera Ausweis
tazkera Personalausweis
tê schort T-shirt
teb Medizin
tedschârat Handel
tefl Kind
teke lebâß Stoff
teke ßâfê Lappen
teket Fahrkarte
teket Ticket
teket-e poßtê Briefmarke

teket-e tayâra Flugticket
tekrâr kardan wiederholen
têl Öl
tela kardan schieben
têlêfûn Telefon
têlêfûn kardan
  telefonieren, anrufen, jmd.
telegrâm Telegramm
telwêzyûn Fernsehgerät
têr Pfeil
têr schodan überqueren;
  überholen (Auto)
teschna durstig
têyâtor Theater
têz scharf
tochme pochta dar roghan
  Rührei
tochompazê Pfanne
tofang Gewehr
tofaylê Ungeziefer
tohfa Geschenk
tond scharf
tôp Ball (Spiel)
torêßt Tourist
torsch sauer
toschak Matratze
trelar Anhänger (Wagen)
tren Zug
tschäh Brunnen
tschakar Spaziergang
tschâklet Schokolade
tschakosch Hammer
tschâlân kardan
  starten (Motor o.ä.)
tschâna zadan (zan) feilschen
tschandên mehrere
tschangak Haken
tschânß Chance
tschap links
tschâp kardan drucken
tschapa kardan umkippen
tschaplak Sandalen
tschâq dick
tschâqû Messer

tschâr râhê Kreuzung
tschâr schanbe Mittwoch
tschâra Lösung
tscharb fett
tscharb kardan schmieren
tscharbû Fett
tscharch Rad
tschârdsch kardan
  aufladen (Batterie)
tscharm Leder
tscharß Marihuana
tschaschm Auge
tschäscht Mittag
tschaßpândan (tschaßpân)
  kleben
tschaßpkon Aufkleber
tschaßpôk klebrig
tschat Decke (Zimmer)
tschatrê Regenschirm;
  Sonnenschirm
tschaukât Rahmen
tschaukê Stuhl
tschây Tee
tschây-e ßobh Frühstück
tschâychâna Café
tschâynak Kanne
tsche was
tsche gûna wie
tsche waqt wann
tschek bânkê Scheck
tschek-e ßafarê Reisescheck
tscherâ warum
tscherâ wieso
tscherâgh Licht, Lampe,
  Laterne
tscherâgh-e daßtê
  Taschenlampe
tscherâgh-e motar
  Scheinwerfer
tscherh kardan deklarieren
tscherk Eiter
tschetor wie
tschêz Ding, Gegenstand
tschêze etwas

Wörterliste Dari – Deutsch

tschôb Holz
tschôb-e tër Schlagbaum
tscholûkê Falte
tschondok gereftan (gîr) kneifen
tschonên solch
tschoqor tief
tschoqûrê Höhle
tschoschak Schnuller
tschöschêdan (tschösch) lutschen
tschtal schmutzig
tschünke weil
tûfân Sturm
tûnal Tunnel
ûrûpâ Europa
ûrûpâ-ê europäisch

W

wa und
wa'da Verabredung
wa'da dâdan (deh) versprechen (etwas)
waagune rêl Waggon
wakêl Rechtsanwalt
wâkßên kardan impfen
wale; amâ aber
wâqe' bûdan liegen
wâqe'an tatsächlich, wirklich
wâqe'yat Wahrheit
waqt Zeit
waqtê früh
waqt-e zêyâd lang(e) (Zeit)
waqteke wenn (als)
waqtêke als (zeitl.)
waraq Blatt (Papier)
waraqe raßmê Formular
warêd Vene
warkschâp Werkstatt
warzesch Sport
waßat Mitte; zwischen
waßêla Mittel

waßêl-e dschelaugêrê az hâmelagê Verhütungsmittel
wâßkat Weste
wayrân kardan ruinieren
wayrâna Ruine
wâze' klar
wazêfa Aufgabe
wazêr Minister
wazn Gewicht
wazn kardan wiegen
wêtrên Schaufenster
worûd Ankunft

Y

yâ entweder; oder
yachtschâl Kühlschrank
yâddâscht kardan aufschreiben
yâdgâr Andenken
yâftan (yâb) finden
yak waqte jemals
yakbâr einmal; jemals
yakdscha zusammen
yakê einzige(r/s)
yakschanbe Sonntag

Z

za'êf schwach; weich
zabân Zunge; Sprache
zachmê verletzt
zadan (zan) schlagen
zahr Gift
zahrê giftig
zamat kaschêdan (kasch) bemühen, sich
zahmatkasch fleißig
zamên Boden, Erde
zamina Angelegenheit
zandschêr Kette; Reißverschluss

zang Klingel
zang zadan (zan) klingeln
zange felez Rost
zânû Knie
zard gelb
zardâlû Pfirsich
zarê'a-ye durch
zarf Gefäß, Schüssel, Schale
zarf schoßtan (schuy) abspülen
zarûrat Bedürfnis; Not, Notwendigkeit
zarûrat dâschtan brauchen
zarûrê notwendig
zaytûn Olive
zed gegen
zemeßtân Winter
zêna Treppe
zendagê Leben
zendagê kardan leben, wohnen
zêr pêrâhanê Unterhemd
zerâ weil
zerâ'at Landwirtschaft
zêrak klug
zer-e unter
zere âb schodan Überschwemmung
zêrzamênê Keller
zescht hässlich
zêwar Schmuck
zêyâd mehr
zoghâl Kohle
zohr Mittag
zonach Kinn
zûd bald; schnell
zûr Macht
zyâd sehr; viel

Die Autoren

Florian Broschk, geboren 1980 in Essen, studierte Islamwissenschaft in Bonn und Teheran, arbeitete an den Universitäten Bonn und Bochum sowie als Darilehrer am Bundessprachenamt, lebte und arbeitete insgesamt sieben Jahre in Afghanistan.

Abdul Hasib Hakim, geboren 1963 in Kabul, lebt seit 1988 in Deutschland. Studium Journalistik und Politik in München und Islamwissenschaft in Bonn.